Hermetische B
Schwester „Isola
an Frater Daniel

Mein Dank geht an Peter Windsheimer für das Design des Titelbildes. Des Weiteren an Ariane und Michael Sauter.

Für Schäden, die Durch falsches Herangehen an die Übungen an Körper, Seele und Geist entstehen könnten, übernehmen Verlag und Autor keine Haftung.

Herstellung und Verlag:
BoD – Books on Demand, Norderstedt
ISBN 978-3-7357-1927-0

Vorwort:

Als Anion mir eines Tages von seinen Kontakten zur „Fraternitas Saturni" erzählte, mischte sich wie immer seine liebe Frau Ariane mit folgender Bemerkung ein: „Zeig ihm mal die Briefe von Schwester Isola an den Frater Daniel. Das könnte ihn interessieren!"
Zum Glück sagte sie dies, denn als ich zu lesen begann, konnte ich meinen Augen nicht trauen. Sofort fragte ich die beiden Könner:
„Diese Frau schreibt ja vollkommen richtig, weder einseitig noch irgendwie übertrieben. Mir kommt vor, sie schreibt von einem neutralen Standpunkt aus. Kann das sein?"
„Ja aber sicher", antwortete Ariane, die sich sehr für die weibliche Seite einsetzte, „sie war eindeutig ausgeglichen, hatte das magische Gleichgewicht erreicht und musste dann die einseitigen Aussagen des Frater Daniel korrigieren, der immerhin auf seine einseitig-dämonische Weise die ersten beiden Tarotkarten beherrschte."
„Was?", war meine erste Frage, die mehr einem Schrei glich, „Wie ist so etwas möglich? Was hat der Frater darauf geantwortet? Das hat er sich doch als wahrer Schwarzmagier nicht gefallen lassen, oder?"
„Doch! Er konnte nichts darauf erwidern, denn sie schrieb so was von intelligent und durchdacht, dass sie ihn an die Wand drückte, wo es keinen Ausweg gab."
„Wirklich?", war meine Redaktion, die ich mir aber hätte sparen können, denn: „Ja, dann lies doch die Briefe und überzeug Dich selbst!"
Das tat ich sofort und sah, dass die beiden Magier wie immer recht hatten. Noch dazu kam, dass in diesen Briefen rein über Magie gesprochen wird. Es werden Pakte anschaulich erklärt, es wird auf die negativ-leidenschaftliche Sexualzauberei der F. S. (Fraternitas Saturni) eingegangen, über Übungen, Einstellungen und über den Lebenskampf wird eingehend diskutiert. Noch vieles mehr, aber das soll der Leser selber herausfinden . . .

17.4.66

„Im Namen der Finsternis und des Lichtes wünsche ich
Euch Dreien Gesundheit“

Liebe Schwester **Rahel!**

Unvorhergesehener Weise muss ich 4 Tage hintereinander arbeiten und kann deshalb die Schreibmaschine erst am Dienstag oder Mittwoch abschicken.

Lieber Bruder **Daniel**!

Nach Feierabend ging ich gestern zur Post und fand einen Brief im Fach, der mich sehr freute. Es war kurz vor 8 Uhr als ich im Anstaltspark dem Hause zuschritt, indem ich wohne. Ich fühlte plötzlich eine Eiseskälte . . . . Es schüttelte mich fast und ich war froh, als ich im Zimmer war. Gestern war der dritte Samstag im Monat und ich saß um 9 Uhr bei der Konzentration, bekam aber nicht viel Grußwort. Ich fühlte, dass auch Meister **Giovanni** die Zeit einhielt. Für mich ist 8.30 oder 9.00 abends die beste Zeit zur geistigen Verbindung. Um 7.00 komme ich erst vom Dienst, manches Mal muss ich noch warten, bis das Bad frei ist und ungewaschen will ich mich nicht zur Meditation setzen. Es klingt mir nur noch immer das Wort in den Ohren: „Es sind Vampire!“ Erst jetzt begreife ich richtig . . . Ich hasse jetzt plötzlich meine Arbeit hier . . . Schwester **Rahels** Buch las ich im Zug und am Bahnhof, wo immer ich ein paar Minuten Zeit fand. Ich glaube, es wurde mir sogar Erkenntnis zuteil.
Meine Arbeit hier war mir noch nie so verleidet, wie in den Tagen nach Ostern. Man hat mich auch noch nie so schikaniert wie in diesen Tagen. Ich möchte mir lieber heute schon eine andere Arbeit suchen als erst morgen. Im Moment muss ich hier sein, denn ich bin finanziell gebunden.
Jeden Abend um 9.00 brenne ich zwei Kerzen.
An Meister **Giovanni** habe ich noch nicht geschrieben. Vielleicht tue ich

das morgen. Diesen Brief kann ich leider auch erst morgen oder übermorgen aufgeben. Unsere Arbeitszeit geht ja von morgen 7.00 bis abends 7.00 und anderen möchte ich ihn nicht mitgeben.
Falls Meister **Giovanni** den Bruder **Willi** schon mitgeteilt hat, dass ich bei der Loge bin, dann möchte ich wenigstens wissen, damit ich mich danach richten kann, anderenfalls soll er es bitte nicht tun.

Die besten Wünsche von Herzen für Bruder **Daniel** und Schwester **Rahel** und dem kleinen Patrick

Eure Schwester **Isola**

An den Großmeister Daniel! 20.4.66

Lieber sehr geehrter Bruder Daniel!

Eben las ich im „Exorial“ Seite 253, aus dem Gedichtband „Ewigkeitssucher“ das Gedicht „Festsommer“: „ . . . der süße Ton, den Gott gesellte zu nächster Nähe meinem Seelenklange!“ – Ist damit nicht die Zwillingsseele gemeint? Wie kann man diese finden?
Ihr beide habt sie schon gefunden. Für die Schwester **Rahel** ist es „Adon“ und für Bruder Daniel ist sie „Hagiel“. Ist es nicht so? Ich möchte alles dafür geben, die meinige zu finden . . . Gestern schickte ich die Schreibmaschine ab, als Sperrgut, sodass auf der Post besonders darauf geachtet wird. Ich hoffe, dass sie gut ankommt. Damit stelle ich sie der Loge zur Verfügung bis auf weiteres. Ihr könnt sie sich gut brauchen. Bei mir ist noch immer nicht ganz alles in Ordnung. Auf der Sparkasse stimmt nicht alles. In der Arbeit werde ich ganz schön schikaniert, sollte das immer noch eine „Nachwirkung“ sein? Wo ist das Wesen, das mich bis jetzt immer beschützte?
Falls Sie einmal Zeit haben Ihr Versprechen mit dem Horoskop einzulösen, würde ich mich sehr freuen, aber ich will die Wahrheit wissen, ich habe keine Angst davor . . . Werde ich von Euch auch bald wieder Post bekommen?

In ehrlicher Verbundenheit herzlich Eure Schwester

Isola

P.S. Meine Gedanken sind jeden Tag bei Euch und eine Nachricht von Euch ist für mich seelische Kraft; ein kleiner Lichtblick im Alltag . . .

Sehr geehrter Großmeister! 23.4.66

Lieber Bruder Daniel!

Sehr viel Wissen und weise sein ist ein Unterschied! Wieso ich heute auf diese Meditation komme, weiß ich nicht genau. Wahrscheinlich in Gedankenverbindung über Bruder **Uhlhard**. Eigentlich bekam ich noch immer keine Antwort auf meine Frage, wie dass ich der Loge beigetreten bin. Irgend einer Kleinigkeit nach müsste ich es annehmen. Aber das nur nebenbei.
Ich habe Deinen Brief mit viel Freunde gelesen und leider schon wieder einiges zu antworten. Ich hoffe, dass Dir der rege Briefwechsel nicht schadet, denn Du hast ja sicher genug andere Arbeit, die auch erledigt sein will und nebenbei auch noch ein privates Leben. Seit gestern bin ich krank gemeldet und habe „Alraune“ schon halb ausgelesen und heute Abend einmal gründlich die „Vita Gnosis“ durchgesehen. Jetzt erst erfasse ich allmählich den geistigen Wert, der darin enthalten ist. Ich kann natürlich nicht alles auf einmal lesen und verarbeiten. Ich mochte eigentlich die Abhandlung über „Ibbur“, aber es war nichts über die Technik der Vereinigung zu finden, die mich so brennend interessiert hätte. In Deinem Brief meinst Du, ich solle nicht erschrecken über die Kälte mit der Du dieses Thema behandelst. Mir sind nüchterne Tatsachen immer lieber. Im Großen und Ganzen gehöre ich nicht zu den Träumern; zähle mich wenigstens nicht zu ihnen.
Durch meine letzte Meditation bin ich übrigens auf eine Feststellung gekommen, die ich von Dir gerne beantwortet wüsste. Nämlich:
Was die Menschen oder die Religionen Teufel nennen, sind nur – ich kann es nicht anders ausdrücken – materialisierende Kräfte. Was die Bibel „Sündenfall“ nennt – die gefallenen Engel wurden auf die Erde gestoßen – das soll wohl nicht heißen, dass sie auf unseren Planeten verbannt wurden, sondern dass sie von „Atma“ dazu bestimmt wurden, das freie Akasha zu beherrschen.
Ich weiß nicht, was da plötzlich für eine Idee durch meinen Kopf geht. Der Mensch wäre demnach ein Wesen, das von zwei Kräften geschaffen wird, oder beherrscht wird. Wie soll ich mich ausdrücken, um Ihnen verständlich zu machen, wie ich das meine?
Die innere Willenskraft des Menschen ist „Atma“ (Gott oder wie wir ihn so nennen). Der materielle Körper ist durch dämonische Kräfte manifestiertes

Akasha. Die Lebensschwingungen des Ganzen sind die kosmischen Schwingungen, das Prana. Richtig genommen sind also „Atma“ (Gott) und Materie (Dämonisch) Gegensätze, die durch die kosmischen Schwingungen doch zusammen gehören und sich irgendwie berühren (es sind ja 7 Schwingungen), sodass Atma, Prana und Akasha praktisch die 3-heit wäre, die in der katholischen Kirche so geheimnisvoll gefeiert wird.
Mit der Zwillingsseele komme ich noch immer nicht zurecht. Wenn Adon eine Zwillingsseele ist, warum ist es dann Hagiel nicht?
Wäre das eine so große „Sünde“, wenn Du ihr sagst, dass Du ihresgleichen bist? Man sagt doch, dass der Mensch noch seinen freien Willen hätte, die Engel sich aber nicht weiter verändern könnten in gewisser Hinsicht? - - -
Ich muss aufhören, sonst führt es zu weit in diesem Brief.
Ein Missverständnis wurde mir ohnehin vorausgesagt mit Dir, aber Missverständnisse sind dazu da, um geklärt zu werden.
Mit Arbeitswechsel muss ich noch ein wenig warten. Ende Mai werde ich schreiben warum.
Weil Du eben von Horoskop schreibst! Falls Du einen Wagen besitzt, dann fahre bitte vorsichtig. Was mir diese Frau schreibt, dauert sonst meist 2-3 Jahre bis es soweit ist.
Es interessiert mich natürlich schon wieder, wie das angeht, wenn Du mit meinem Astraldämon in Verbindung trittst?
In Deinem letzten Brief schreibst Du von der reinen Seele der Frau. Ich habe darüber nachgedacht und kann mir darunter nichts rechtes vorstellen. Ich meine von Dir ausgesehen.
Bitte was ist Evolution? Was Emanation? Was Kanzel?
Wieso ist das Halschakra das Todeschakra? Weil man dem Menschen dahinten Kraft ausziehen kann. Und wie schützt man sich davor?
Bitte nicht böse sein, wenn ich so viel schreibe. Schwester **Rahel** wird doch nicht böse sein, sie schrieb noch nie. Zur Post kann ich allerdings nicht im Moment, da ich nur zum Arzt Ausgang habe.

(Hier endet leider dieser Brief. Der Hrsg.)

Sehr geehrter Großmeister 28.4.66

Lieber Bruder Daniel!

Recht herzlichen Dank für Deinen lieben Brief. Ich kann leider gar nichts anderes sagen, denn Du gingst so nett auf alle meine Fragen und Gedanken ein. Ich habe allerdings ein etwas schlechtes Gewissen, denn ich habe mich nicht immer deutlich genug ausgedrückt. Beim Wort „Telepathie" muss ich lächeln. Ist der silberne Herzfaden nicht auch Telepathie? Ich verstehe nur immer noch nicht den Unterschied zwischen Herzfaden und Liebe. Sind es doch die gleichen Schwingungen und das gleiche Empfinden? Man ist auch in beiden Fällen auf die Launen eines Partners angewiesen . . .
Warum ist die Frau grau??? Sie könnte auch golden sein! – Von Meister Giovanni erfuhr ich heute, dass er **„Bruder Willi"** eine Aufnahme bei der Osterloge mitteilte.
Ich freue mich über die demnächst erscheinende Abhandlung.
Das Thema der 2 verschiedenen Kräfte beschäftigte mich stark in meiner Ansicht:
Es gibt nur eine Urkraft mit 2 entgegengesetzten Polen wie Südpol und Nordpol. Positiv und negativ, männlich und weiblich. Ich brauche nicht mehr Beispiele zu nennen. Sie wissen es besser als ich.
Die beiden Urpole sind Gott und Dämon. Sie suchen sich gegenseitig auszugleichen durch – kosmische – Schwingungen und erreichen das Gegenteil, die Vernichtung bei allem im Kosmos. So kommen wir auf das Urzeichen – des Kreises und der Zacken – O ^^ – OM! Es ist die Kraft, die sich aus sich selbst gebiert.
Ein Beispiel beim Menschen. Bin ich zu starker Liebe – ernte ich Hass. (Die zwei Gegenpole!) Liebe – Vernichtung.
Gleich starke Liebe ist gleichschwingend und bald uninteressant. Überall im Kosmos ist das Gesetz von positiv und negativ. Die Urkraft als abstraktes Beispiel, oder als die Ursache mit zwei Polen. – Meiner Ansicht nach flutet die Urkraft, bedingt durch ihre zwei gegensätzlichen Pole, hin und her – wir nennen das kosmische Schwingungen – über allerlei Akashaformen. Besser ausgedrückt: Durch die vielfältigen Schwingungen wird das Akasha zur Materie geformt, so wie wir sie als „Menschen" sehen. Der Mensch ist die höchste Instanz der Materie. Warum muss ein Gott bestehen? Es ist der Mensch, der sich alles selber gestalten kann, wenn er reif dazu ist.

Wenn ein Mensch einen Dreckhaufen – Materie – anstarrt und nichts anderes sieht, kann er nicht erwarten vom Glanz eines Sternes erleuchtet zu werden.
Wenn ich das „schwarze Licht“ beschwöre, kann ich nicht erwarten vom weißen erleuchtet und zuletzt von ihm aufgesogen zu werden.
Wenn ich mit dem Dämon (untere Schwingung) paktiere, erhalte ich materielle Vorteile. Paktiere ich mit Gott (obere Schwingung), ist der Vorteil geistig.
Wahrscheinlich habe ich mich im letzten Brief falsch ausgedrückt. Die Engel und Dämonen haben wohl freien Willen, aber begrenzten!!! Sie sind „fertige Kräfte!“ Sie können sich weder nach oben noch nach unten weiter entwickeln. Der menschliche Körper ist so gebaut, dass er sein „Atma“ oder „Gottesfunke“, wie viele es nennen, nach oben oder nach unten entwickeln kann. Ob dieser „Atma“ von oben oder von unten kam bei seiner Geburt, bleibt sich gleich. Es ist ja nur das „große Spiel“ der Urkraft . . .
Diese fertigen Kräfte (Dämonen oder Engel) können das nicht. Dafür hassen sie uns!
Das Akasha ist wie ein Fieber für die freie Kraft (Urkraft mit 2-poliger Schwingung) und der Mensch, die höchste Instanz der Materie, hat die Macht der gesunden Entscheidung sein Atma (innere Schwingung), ob sie von oben oder von unten, wieder nach oben oder unten zu bringen . . . ?
Das ist meine persönliche Ansicht. Das ist es wohl, was man das „große Spiel“ nennt!
Ihre Meinung, dass die letzten Erkenntnisse tödlich wirken, halte ich gegenüber, dass zwischen Theorie und Praxis ein Unterschied besteht. Die Theorie betrifft den Geist. Die Praxis den Körper. Bei mir sind die Erkenntnisse geistiger Art zuerst und nicht tödlich. Die Gedanken und Gefühle formen erst langsam den Körper. Vielleicht entstand dadurch die Religion vom Glauben an den Kreuzestod. „Gottes-Sohn“ soll keine Sünden gehabt haben (was wir menschliche Schwächen nennen). Trotzdem musste sein Körper den Weg des mystischen Todes gehen. (Der Weg der langsamen Umwandlung der Materie bis zur Auflösung) – Krebs –. Wenn der letzte Atem wieder freies Akasha ist, ist das Spiel aus oder die „Er-Lösung“ vollkommen. Vielleicht besser gesagt, wenn der Körper der Atma-Schwingung angepasst ist, ist das Spiel aus. Der Prozess bis dahin ist Schicksal oder Karma, bis der Mensch sein Ego sein lässt.
Der sofortige Tod erfolgt also erst ab der „praktischen Erkenntnis“! Es

muss auch noch einen anderen Weg geben, den man vielleicht im Alten Testament finden müsste. Meiner Ansicht nach der Weg über die Liebe (geistige Liebe?) ??? (Um den Unfug des Paragrafen 173 zu steuern, erfand man den Kreuzestod?) Kosmische Ansichten liebe ich vielleicht und vielleicht doch nicht so ganz unrecht.
Ich muss lächeln, weil Du „Hagiels Kehrseiten“ beschreibst. Ich nehme an, dass diesen „fertigen Kräften“ das Akasha (freie Materie) zur Verfügung steht und sie dadurch auf alle Art berühren können, wie immer es Ihnen gefällt, daher diese Verwandlung in Bezug auf Formen und Farben. Die himmlische Schönheit ist ebenso notwendig wie die (irdische) Hässlichkeit. In Bezug auf fertige Formen (z.B. Menschen) sind ihnen Grenzen gesetzt. (Ein Grund mehr nur zu hassen!). Vielleicht kommt es daher auf die innere Einstellung des Menschen an. Wenn meine innere Schwingung einem dieser Wesen gleicht, hat es durch seine Schwingung Macht über mich. (Schizophrenie; Religionswahn). Es sind ja „Kräfte“, bestimmte Schwingungen, keine Substanzen.
Ich möchte mit keinem paktieren, weder von unten noch von oben. Meine Freiheit ist mir lieber. Der es wagen sollte, nur ein Spiel zu versuchen in dieser Beziehung, der soll auf grausamste Art spüren, dass die seelische Freiheit das wertvollste Gut ist! Unser Körper ist die Schutzmauer gegen die verschiedenen „Kräfte“, nur wenn wir uns innerlich gleichstellen (gleichschwingen durch Pakt oder starke Gefühlsregungen), haben sie Macht auch über unseren Körper.
Nun eine Bitte. Seit meinem Unfall ist mein Schreibzentrum gestört. Manches mal so stark, dass ich kaum leserlich schreiben kann. Ich bitte hiermit um Entschuldigung. Diesen Brief schrieb ich heute das zweite Mal, aber er wurde nicht kürzer und die Schrift nicht besser! Es war eine Art Gedankenflug. Vom 1. bis zum 12. Mai ist meine Adresse: Günzburg – Schaegel-Klinik.
Ich gehe zur Kropf-Operation. Vorsicht beim Schreiben, ich hoffe, die Briefe zu erhalten. Auf dem magischen Spiegel freue ich mich wie ein Kind zu Weihnachten.
Es würde mich interessieren, wie der Orden hieß, in dem Du warst.
Es war wohl eine Feuerprobe, die Du bestanden hast.
Du hast mir zu Ostern gesagt, dass man eine gelbe Aura nicht so gerne sieht. Warum nicht? Von Schw, **Rahel** erhielt ich gestern den 2. Brief. Auch von Br. **Giovanni** einen, aber es ist mir unmöglich, noch mehr zu schreiben heute, denn mir tun sämtliche Sitz-, Seh- und Schreibmuskel weh.

Bei dem Satz: „. . . wenn Du nicht gerade wütend bist", musste ich lachen. Die schwarze Aura im Hotel hast Du wohl nicht vergessen?

Zum Schluss nun, in Gedanken bei Euch – in herzlichen schwesterlichen Grüßen

Isola

P.S. Der Weg der geistigen Liebe ist wohl schöner als der mystische Tod am Kreuze. Das Ziel soll dasselbe sein.

Lieber Bruder Daniel! 2.5.66

Liebe Schwester Rahel!

Es ist Abend 6.00, mein Schreibblock auf dem Knie, möchte ich nur kurz ein paar Zeilen schreiben. Ich würde mich freuen, wenn Ihr mir die nächsten paar Tage wieder schreiben würdet. Zum Postfach, nicht in das Krankenhaus. Ich bekommen sie trotzdem.
Hoffentlich seid Ihr alle gesund. Jetzt ist plötzlich ein so herrliches Wetter, da wird Patrick draußen spielen und tollen.
Ich bin sehr neugierig auf die Antwort meines letzten Briefes?
Ich denke immer an Euch und will schließen, denn der Arzt kommt gleich zur Untersuchung.

Mit den herzlichsten Grüßen in schwesterlicher Freundschaft

Eure Schwester Isloa

Sehr geehrter Großmeister! 9.5.66

Lieber Bruder Daniel!

Heute morgen erhielt ich die eingeschriebene Werbesendung, nachdem mich die Kollegin, die meinen Postfachschlüssel hat, am Samstag Abend besuchte und mir mitteilte, dass man sie ihr nicht aushändigt. Das Bürofräulein der Klinik in der ich liege, brachte mir das Päckchen und ließ mich unterschreiben. Ich war im Bett. 5. Tag nach der Operation. In dieser Beziehung ging alles glatt.
Dein Päckchen aber war an einer Seite geöffnet. Bis innen rein kann man sehen. Es ist eine Breit-Seite die geöffnet wurde. Man sieht ein kleines Schächtelchen und Schnüre. Ich habe noch nichts daran gemacht. Nur die geöffnete Seite mit einer freien Haarnadel zugesteckt und das ganze Päckchen im Koffer verschlossen. So lange ich hier im Krankenhaus bin, werde ich es ohnehin nicht öffnen. Ich kann es hier nicht anwenden und muss immerhin mit der Neugierde der „Raumpflegerin" rechnen. Ich schätze, dass ich nach etwa 4-6 weiteren Tagen hier entlassen werde. Wahrscheinlich kommt meine Kollegin, die Einzige, der ich meinen Postfachschlüssel anvertraut habe, erst morgen wieder. Ich werde ihr nur diesen Brief mitgeben und zwar eingeschrieben!
Leider beging ich heute morgen den Fehler, den Brief den ich an Br. **Giovanni** schrieb – er war verschlossen und frankiert – allerdings, dem Bürofräulein mitzugeben, die mir Dein Päckchen brachte. Sie sollte dem Briefträger 1,- DM Botenlohn geben und er sollte dafür die Briefe mitnehmen. Es waren zwei. Der eine davon war unwichtiger. Erst als ich sah, dass das Päckchen geöffnet war – was ich leider zu spät bemerkte – zog ich mich an und ging selbst in das Büro vor. Der Briefträger war schon fort und hat angeblich meine beiden Briefe mitgenommen. Ich habe nur Angst, dass man den Brief an Br. **Giovanni** aus Neugierde behielt und öffnet. Das Zeichen des Saturn ist drin wie in jedem meiner Briefe und mein Logenname. Wird es etwas ausmachen? Man gab dem Briefträger auch nicht das Geld. Er hätte es nicht genommen, sagte man mir, aber erst als ich nach den 4.- DM Hausgeld fragte.
So nun weißt Du alles genau und ich will mich zuerst mal für das Päckchen bedanken und mit Geduld und Neugierde auf den Moment warten, in dem ich es öffnen kann und darf.
Ich habe noch die eine Bitte, dass Du mir noch Deinen Antwortbrief auf

diesen per Einschreiben schickst oder lieber an das Postfach 412 wie bisher. Die Kollegin, die den Schlüssel hat, ist vertrauenswürdiger als alle anderen. – In dieser Beziehung.
Ich will nochmals herzlich danken für Dein Päckchen und all Deine Mühe und freue mich auf die nächste Gedankenverbindung per Post.

Herzliche schwesterlich Grüße an Dich lieber Bruder und an Schwester **Rahel** und Patrick

Eure Schwester Isola

Mein Lieber Bruder Daniel! 29.9.66

Heute komme ich erst zum Schreiben. Diesmal war also ich in der Verlegenheit wie Du. Ich kam einfach nicht zum Schreiben! Sicher hast Du Verständnis dafür?
Deinen Brief las ich nun schon x-mal und weise immer wieder etwas Neues dazu.
Auf die Übersetzung der Werke von Eliv. Levi bin ich sehr gespannt. Wegen der hebräischen Kabballa gabst Du mir keine Auskunft.
Um auf den Pakt zu kommen, habe ich erst einer Frage: Hat nicht jeder Mensch einen eigenen inneren Willen, den er auf alles anwenden kann? Es ist meiner Ansicht nach das, was die Bibel der „Gottesfunke in uns" nennt. Es ist doch das, was wir stärken und ausbilden sollen aus eigener Initiative? Das Gesetz „Tue was Du willst" beruht meiner Ansicht nach auch darauf und „Liebe unter Willen" entspringt doch auch diesem inneren Willen???
Ich weiß nicht, ob ich mich deutlich genug ausdrücke, um mich richtig verständlich zu machen? Ich meine nur, dass Du nun, da Du den Pakt gebrochen hast (???), ein freier Mensch bist und tun und lassen kannst, was Du willst! Laut Deinem inneren Willen und dem Gesetz von Ursache und Wirkung! Natürlich kommt es darauf an, wer der stärkere ist? Aber meiner Ansicht nach sind diesem Dämon auch irgendwelche Grenzen gesetzt? Natürlich achte ich seine Kräfte und seine Autorität, aber er kann die doch nur dann anwenden, wenn sich ein Menschenkind ihm freiwillig unterstellt? Dass das so ist, beweist mir Dein letzter Brief, in dem Du mir schriebst: „Diese Kräfte haben dort, wo es ihnen möglich war, mehrmals geholfen und verhindert, dass **Rahel** ins Reich der Schatten abschwirrt."
Im Gegenteil, ich bin der Ansicht, dass es diese Kräfte sind, die Deiner Frau zu schaffen machen. Ich schreibe das aus dem Grunde, weil ich hier doch manche Erfahrung sammeln kann und vielleicht manches anders beurteile als andere Menschen. Verzeih mir die Frage: Aber hast Du nicht manchmal das Gefühl, dass Du ihr ein wenig zu viel zumutest mit der Magie, sodass sie eines Tages doch diesen Kräften unterliegt und wie Du selbst schreibst, sie ins Reich der Schatten abschwirrt?
Was ist das eigentlich für ein komischer Bruder, der keine Grenzen kennt den anderen Menschen gegenüber? Jeder Mensch hat seinen freien Willen, und wenn ich einem Menschen nicht sympathisch bin, will ich ihn doch keinesfalls zwingen mich zu lieben? Ein Logenbruder müsste zum

mindestens so viel Lebensweisheit, um nicht das abgeschmackte Wort „Anstand" zu gebrauchen, besitzen!!!
Andererseits ist natürlich die Gefahr, dass unser Schwesterlein einmal die Rückstrahlung zu spüren bekommt von der magischen Anwendung! Hier gilt das Gesetz „Tue was Du willst!"
Nun muss ich lächeln, weil ich Deine Zeilen lese wegen den vielen Wehwehchen. Ich bin der Ansicht, dass eine Abtreibung nicht zu der Verpflichtung der Bruderschaft gehört. Im Gegenteil, ich meine immer, dass wir die Loge sauber halten sollen. Ich meine frei von privaten Unreinheiten die uns in der Öffentlichkeit Schwierigkeit bringen könnten. Die warten doch alle nur darauf, dass man solchen Logen und Teufelsbeschwörern den Garaus machen kann, weil sie selber zu dumm sind, um auch nur ein klein wenig ihre eigene Freiheit zu begreifen! Mit dem großen Haufen laufen ist ja so bequem!!! Wegen dem Ring musst Du entschuldigen, ich hatte nicht mitbekommen, dass es nun so ist, dass diese Sachen von Euch erledigt werden. Das nächste Mal weiß ich Bescheid.
Du meinst wegen Schwester **Rahel**! Ich habe inzwischen wieder vieles begriffen, was ich vorher für unmöglich hielt! Ihr müsst mit mir halt auch ein wenig Geduld haben. Ich bin erst am Aufwärtsschreiten. **Rahel** dagegen ist oben! Meiner Ansicht nach kämpft sie um die Herrschaft dort, zäh und verbissen. Ich wünschte Ihr helfen zu können, aber ich weiß nicht, wie ich das machen müsste? Sie auszuhorchen hat keinen Sinn. Was ein Mensch nicht freiwillig sagt, soll man nicht aus ihm herausbohren wollen. Außerdem hat sie sicher Ihre Gründe, wenn sie über etwas schweigt!
Für heute soll es nun genug sein.
Eine Beschwörung an Dich! Schreibe bitte immer ehrlich was Du denkst über meine Zeilen. Ich ertrage lieber eine Zurechtweisung als eine Lüge! Wenn Du in irgend einer Hinsicht anderer Ansicht bist, dann kannst Du das ruhig schreiben und ich will Dir dankbar sein dafür! Eine gute Freundschaft kann nur auf Klarheiten beruhen!!!???
Wie kann ich den Gradus Merkuri machen?

Für heute herzliche Grüße und den Segen des oberen und unteren Demiurgen wünscht Dir

Isola

Mein Lieber Bruder Daniel! 13.10.66

Sehr geehrter Großmeister!

Für deinen Brief vom 6.10.66 herzlichen Dank. Ich wundere mich ein wenig über Deine Fragen, da Du mir eigentlich noch nicht einmal auf die meinigen geantwortet hast. Du schreibst mir wohl Briefe, aber Du gehst nie auf das ein, was ich Dir eigentlich schreibe. Ein einziges Mal nur hast Du mir geantwortet und zwar auf das Thema der Willensseele, wofür ich Dir noch recht dankbar bin.
Du solltest das aber nun nicht als Vorwurf auffassen. Ich kann mir nur nicht recht erklären, warum Du mir nie auf das antwortest, was ich in meinen Briefen erwähne.
Z.B. wegen der Nullpunktenergie mit dem O.u.m. Die zweipolige Kraft meines ich. Dazu hast Du Dich nie geäußert! Usw. Auch über die Begrenzung der Macht der verschiedenen Kräfte!???
Sicher hast Du die Briefe gar nicht mehr. Sind sie für Dich so lächerlich, meine Anschauungen, oder gleichgültig?
Gefreut habe ich mich jedenfalls, dass Du mir diesmal so bald geantwortet hast und ich will trotz allem wieder einmal meine Meinung vom Stapel lassen, auch auf die Gefahr hin, dass Du mir wieder nicht darauf eingehst.
Den Gradus Merkuri schreibe ich separat.
Ich bedauere aufrichtig, dass Schwester **Rahel** krank war, aber meiner Ansicht nach ist das eine Begleiterscheinung der Kämpfe, die man im Ringen mit jenen Mächten in Kauf nehmen muss. Sie ist mir übrigens kein Rätsel. Ich habe von meinem mystischen Standpunkt aus für alles eine Erklärung. Ich habe Dir ja im letzten Brief schon geschrieben, dass es darauf ankommt, wer der stärkere ist. Kämpfen muss jeder, der etwas will. Geschenkt bekommt keiner was. Auch wenn es vielleicht momentan so aussehen sollte, dafür muss man eben dann auf andere Art bezahlen!
Bitte antworte mir wenigstens diesmal auf diese eine Frage:
1) Es gibt ein geistiges Gesetz, an dem niemand etwas rütteln kann, auch wenn er Jesus Christus oder Luzifer heißen sollte! Das ganze Universum ist diesem Gesetz unterworfen!!??
Was die Menschen Jesus Christus nennen, ist der Mystiker an und für sich. Der Mensch wird als Baby geboren und so wie sich der Geist entwickelt, so formt sich der Körper, nicht umgekehrt. Er lernt zuerst die Freuden der Materie kennen, um in einem bestimmten Alter dann zu seiner inneren

Bestimmung zurück zu kehren. Je nach dem wie schnell diese Entwicklung vor sich geht, sind dann die körperlichen Krankheiten zu verzeichnen!
Ich spreche natürlich hier nicht von Erkältungen oder so. Die Krankheiten des Mystiker oder Magiers kommen vom Nervensystem und von der Zirbeldrüse. Bitte, das sind nur meine eigenen Ansichten. Aber es wundert mich keinesfalls, wenn einer von uns Fieberanfälle und Herzanfälle hat. Es scheint mir im Gegenteil selbstverständlich.
Auch ich habe im Moment zu kämpfen, aber wenn man weiß woher die Sachen kommen, ist man gefasster.
Was sind das eigentlich für Milchsuppengesichter, die über alles mögliche jammern und das wollen Logenbruder sein?
Bruder **Orpheus** schrieb mir vor kurzem, dass die meisten meinen, wenn sie das Wörtchen „Magie“ hören, dann können sie etwas geschenkt bekommen! Dass man um alles kämpfen muss, wollen sie nicht wissen! Ich muss ihm vollständig recht geben.
Du meinst, dass die sich betrogen fühlenden Mächte versuchen den Menschen zu Fall zu bringen? Sicher hast Du recht, aber ich behaupte trotzdem, dass sie auch nur ihre gewissen Grenzen haben. Trotz allem! Ich glaube Dir geholfen zu haben damals. Es war einmalig. Ich würde es bei niemanden mehr tun. Heute bin ich nämlich der Ansicht, wenn jemand sich freiwillig einer solchen Kraft unterwirft durch einen Pakt, dann muss er eben auch die Folgen tragen, denn er hat ja schließlich einen freien Willen als (geschulter) Mensch und somit weiß er auch, was er tut.
Nun noch etwas! Bitte Du hast mir zugesichert, dass diese Post, die ich Dir heute sende, niemand sehen wird!
Also wenn ich ganz ehrlich sein darf, betrachte ich damals das Geld von mir aus gesehen als ein kleines Lösegeld für den Hüter der Schwelle. Du kannst mich ruhig auslachen. Man soll so etwas niemand sagen, aber du gehörst ja mit zu diesem „Bund“. Es sollte ein kleiner Tribut sein zu meinem Eintritt in die Loge. Dass ich es nicht mehr zurück will, ist Dir doch längst klar? Natürlich habe ich auch nichts zu verschenken, aber hier ist es ja etwas anderes gewesen! Einmalig! Und Du weißt ja, ich tat es nicht für Dich, sondern eben in diesem Sinne! Ich hoffe, Du verstehst mich gut genug?
Übrigens um noch einmal auf Schwester **Rahel** zu kommen! Ich bin der Ansicht, dass ihr niemand helfen kann! Es ist meiner Ansicht nach die Umstellung ihres Körpers auf die Schwingung dieser Wesenheit mit der sie den Pakt geschlossen hat. Oder glaubst Du, dass ein Mensch einen Pakt

schließen kann ohne davon berührt zu werden? Schon so lange der Mensch noch in seinem Körper weilt, muss er sich schon auf diese Wesenheit umstellen. Das verursacht diese plötzlichen Fieberanfälle und Herzanfälle. Es ist doch eine ganz logische Sache? Der Körper des Menschen ist nach seinem eigenen Karma geschaffen und der Pakt mit irgendeiner Wesenheit schreibt ihm andere Schwingungen vor!??? Ich kann mir sogar vorstellen, dass dieses Ringen sehr qualvoll sein kann!
Also, bitte gib mir wenigstens dieses eine Mal eine ausreichende Antwort auf diesen Brief. Es interessiert mich wirklich, was Du zu alle dem sagst! Du musst es besser wissen als ich. Du hast die Magie gelernt. Ich habe nur das, was mir in meinen Meditationen einfällt.
Dass Du mit den alten Rezepturen sehr viel Arbeit hattest, kann ich mir lebhaft vorstellen. Alle Achtung! Man hat wenigstens das Gefühl, dass der Großmeister sich um die Loge kümmert!
Nun lese ich schon das x-te Mal die Stelle von dem Logenbruder, Freund und Mann und muss doch jedes Mal wieder lachen. Mein Gesicht behält noch lange ein schmunzeln bei, wenn ich diese Stelle las!
Nun endlich rückst Du wenigstens mit einer Frage heraus, nach dem ich Dich schon etliche Male bat, mir mal zu schreiben, was Du eigentlich unter Freundschaft verstehst?
Also wenn Du schon schreibst, dass wir Menschen sind, die auf höherer Ebene stehen als der Durchschnitt, möchte ich Dir schon recht geben, aber ich glaube, dass auch hier immer wieder die Individualität ausschlaggebend ist. Kannst Du mich verstehen, wenn ich schreibe!
Ein Mensch wird nach einer gewissen Moral erzogen! Er kennt sein Leben lang nichts anderes als die Grundsätze nach denen er sich richtet. Plötzlich kommt dann eine bessere Erkenntnis. Er steht nun zwischen den Fronten, moralisch gesehen. Er weiß ganz genau, was er will und dass er von seiner neuen Meinung, die er sich gebildet hat, 100%ig überzeugt ist, aber er weiß zugleich auch, dass er erst die alte Schicht abstreifen muss wie eine Hülle. Z. B. wie die Larve ihre Hülle, wenn sie zum Schmetterling wird! Außerdem will ich Dir das Wort „Thelema“ entgegenhalten! Genügt dir diese Erklärung auf Deine Frage?
Noch eine Nebenbemerkung: Verzeihe wenn ich die Bibel zum Beispiel nehme. Sie ist nun mal das gebräuchlichste Buch. Der Koran und die Kabballa sind mir ebenso wertvoll! Also in der Bibel steht: „Gott ist Liebe“???
Letzten Endes sind wir hier um die Liebe zu suchen oder zu bejahen. Wie

das geschieht, ist wohl sehr individuell! Thelema! Willensimpuls! Ist das nicht der Kern der Sache? Braucht man da noch Worte? Nur die Individualität der Menschen ist es, die alles verzerrt! Bitte antworte mir auf diese Argumentation, wenn Du schon gefragt hast!!!
Also es ging diesmal noch ohne etwas auf den Schädel hauen ab???
Ich wundere mich nun wirklich, dass Du schreibst, man sei dazu da, dass man jedem, der etwas zu jammern hat, helfen soll? Ich bin erstaunt. Die Loge ist doch eigentlich kein Kindergarten sondern für esoterische Fragen zuständig. Was sind das für Trottel, die mit sich selbst nichts anzufangen wissen, nur weil sie Pech hatten ihm Leben? Sag mir einen Menschen, der im Leben alles eben hat? Wir sind doch nicht zum Faulenzen geboren sondern zum geistigen Kämpfen! Zum Streben der Sonne entgegen! Thelema!
Nun hast Du wenigstens einigermaßen meine Antwort auf die ich hoffentlich auch einmal eine ausführliche Antwort erhalte von Deiner Seite aus! Bitte nimm mir nicht übel, wenn ich Dir erst im nächsten Brief die Fragen über den Gradus Merkuri beantworte!
Ich wünsche Dir alles Wohlwollen aller Wesenheiten, mit herzlichen Grüßen Deine Schwester

Isola

13.10.66

Gradus Merkurii!

Ich will versuchen mich kurz zu fassen!

1. Einstellung zur Familie: Sie dient zur Fortpflanzung in erster Linie. Zur Befestigung geordneter Verhältnisse im Staat.
2. Der Staat sollte der Garant der Familie sein. Beschützer seiner Rasse.
3. Durch Familie und Staat wird die Rasse geschützt und erhalten.
4. Die Religion ist an und für sich eine Erziehungssache, die diese Menschen brauchen, die geistige unselbstständig oder noch nicht reif genug sind, ihre eigene Individualität dem Ganzen anzupassen.
5. Sexualität ist lebensbedingt. Ohne Sexus gibt es keine Fortpflanzung.
6. Bruderschaft ist für mich ein heiliges Wort, denn es beruht auf der Basis der Zusammengehörigkeit, zurückzuführen auf das Gesetz des Willens.

Kurze Zusammenfassung:

Solange es Menschen gibt, wird die Welt bestehen, denn die Gedanken der Menschen sind bildende Mächte und Kräfte! Es liegt also im Menschen selber, sich die Welt zu erhalten. In unserem Zeitalter ist eine gewisse Ordnung nötig, eine Norm für die Mehrheit der Menschen. In erster Linie gehört dazu die **Familie.** Jeder gesunde Mensch ist im reifen Alter moralisch verpflichtet eine Familie zu gründen und Kinder zu zeugen. (Für Nachwuchs zu sorgen). Das ist der eigentliche Sinn der Familie. Der Staat ist oder sollte der Schutz der Familie sein. Es wäre zugleich der Schutz der Rassenerhaltung. Dem Staate die Steuern zu bezahlen und dafür seinen Schutz genießen, ist eigentlich eine Wechselbeziehung zwischen Staat und Einzelindividuum. Er wäre an und für sich verpflichtet das geistige Niveau seines Volkes zu fördern.
Bei der Rassenfrage scheint mir die geistige Ausbildung wichtiger als die Nationalität.
Die Religion ist eigentlich ein heikles Thema. Im Großen und Ganzen

erscheint sie mir als Erziehungssache der geistig unselbstständigen oder solcher Menschen, die noch nicht reif genug sind, ihre eigene Individualität dem Ganzen anzupassen. Damit will ich meiner Meinung Ausdruck geben, dass es nur eine „Urreligion“ gibt, die jeder individuell färbt soweit er geistig selbstständig genug ist. Oder so viele Menschen es gibt, so viele religiöse Ansichten gibt es. Zur Katastrophe kommt es meiner Ansicht nach, wenn einer dem anderen seine Ansicht für die allein richtige aufdrängen will. Er zwängt seine eigenen Ideen in eine Form, die vom anderen wieder ganz anders geistig verarbeitet und aufgefasst wird. Je nach Überredungskunst des einzelnen gelingt es ihm eine neue Religion zu formen und so entsteht meist der größte Unsinn. Sobald eine Religion in ein Dogma oder in eine bestimmte Form gezwängt wird, taugt sie nichts mehr.
Verzeihung für diese freie Aussprache, aber das ist meine innerste Überzeugung.
Sexualität ist in erster Linie lebensbedingt. Ohne Sexus gibt es keine Fortpflanzung. Das die Sexualität ein weites Gebiet ist, angefangen vom animalischen Selbsterhaltungstrieb bis zum geistigen Kraft- und Odaustausch, ist ja bekannt. Sie kommt vom kosmischen männlich-weiblichen Gesetz über die vielfältigsten Variationen abwärts bis zum tierischen Selbsterhaltungstrieb und wieder aufwärts zum kosmisch-geistigen Gesetz.
Vielleicht könnte ich hier eine eigene Meditation einfügen: „Der Ring“: Nichts – Willensimpuls – Entwicklung – Verdichtung – Materie – Beherrschung derselben – Rückbildung bis zum „Nichts“!
Bruderschaft ist für mich eigentlich ein heiliges Wort, denn es bedeutet die Bestätigung des geistigen Gesetzes, des Willens, der gemeinsamen Kraft. Es spielt keine Rolle welche Nationalität Du hast, mein Bruder oder Schwester, Deine eigene geistige Kraft, Deine Bereitschaft für das Höhere, Dein Wille ist maßgebend. – Thelema!

Gezeichnet Schwester Isola

Sehr geehrter Großmeister! 13.10.66

Lieber Bruder Daniel!

In meinem letzten Brief habe ich, glaube ich, mich nicht ganz genau ausgedrückt, was ich eigentlich sagen wollte.
Ich schrieb, dass das was ich tat, nicht für Dich gewesen sei. Das war so gemeint. Ich tat es um Dir zu helfen, aber dass ich es nicht zurück will, soll als kleines Lösegeld gelten für den Hüter der Schwelle. Nicht dass Du meinst, ich hätte plötzlich „Angst" bekommen! Dieses Wort steht nicht in meinem Wörterbuch!
Eine Frage übrigens: Was für ein Siegel war es, das Du mir damals im Hotel aufgezeichnet hast? Es würde mich sehr interessieren. Nicht aus Angst, sondern aus dem ganz einfachen Grund, weil ich frei sein will! Vielleicht habe ich auch einen Pakt mit irgend jemanden?!
Ich hätte auch einen Vorschlag! Alles was wir uns gegenseitig eingeschrieben schicken, ist dann automatisch tabu für die anderen. Also es soll es niemand sonst wissen. Ist Dir das recht? Nun die Antwort auf Deine Frage, wegen Sexualmagie oder Odaustausch:
Verzeih wenn ich die Bibel als Beispiel nehme. Sie ist halt mal das gebräuchlichste Buch. Schon da können wir lesen: „Gott ist Liebe!" Meiner Ansicht nach ist der Kern des Urgesetzes der Austausch des männlichen Willensprinzip mit der Bereitschaftsfrequenz des weiblichen Prinzips. Ich kann mich nicht anders ausdrücken. Der ganze Kosmos beruht auf zwei Polen. Das männliche und das weibliche Prinzip. Thelema! Das Wort heißt so viel ich weiß „geistiger männlicher Willensimpuls"! Auch das weibliche Prinzip ist tätig. Es ist der „Sog"! Beides strebt zur Vereinigung. Die Anwendung ist individuell.
Beispiel: Tag und Nacht, schwarz und weiß, Mann und Frau usw. Wenn sich zwei Menschen in Gesellschaft gut verstehen, ist das ein gewisser Kraftaustausch. Je besser sie sich verstehen, um so höher sind die gegenseitigen Schwingungen, um so stärker und um so näher dem was wir Liebe nennen. Je feingeistiger und rückhaltsloser diese Hingabe von einem zum anderen Individuum ist, um so stärker ist der Kraftaustausch. Je stärker dieser Kraftaustausch, desto mehr nähert er sich dem Odaustausch. Ich könnte es nicht in Worten besser erklären. Natürlich muss es von beiden Seiten gleichgewollt sein, sonst bleibt der eine auf der Strecke!
Eine Frau kann einen Mann lieben, ohne ihn körperlich zu besitzen oder sie

kann auch einen Mann körperlich besitzen ohne ihn zu lieben. Zu den Letzteren möchte ich mich nicht zählen, denn ich bin der Ansicht, dass es gegen das kosmische Gesetz verstößt und es sich irgendwann einmal rächt! Es macht die Frau nervös und ungerecht ihrem Partner gegenüber. Ich spreche aus eigener Erfahrung. Bitte Du hast mir versprochen, dass niemand von diesen Brief erfährt! Weil ich schrieb, es bleibt der eine auf der Strecke! Ich meine, man kann einem Menschen auch Odkraft entziehen, indem man seine Schwingungen aufnimmt und keine abgibt. Du musst das als Magier besser wissen als ich. Ich kann nur schreiben, was mir in meinen Meditationen einfällt. Ich möchte aber betont haben, dass das was ich schreibe, nie eine Abschrift ist von irgend woher, sondern immer nur meine eigene Überzeugung, auch wenn sie falsch sein sollte. Für nachmaulen steht mir die Nase zu hoch. Nur wenn ich selbst von etwas überzeugt bin, vertrete ich es als meine Meinung. Mir fällt eben noch etwas ein. Du kannst mich von mir aus schlecht bezeichnen dafür.
Man kann diesen geistigen Liebes- und Odaustausch mit jedem sympathischen andersgeschlechtlichen Menschen machen. Die Sympathie gegenseitig, vorausgesetzt natürlich. Daher wohl das Resultat, dass ein Mann mehrere Frauen oder eine Frau mehrere Männer lieben kann. Es ist nur der Unterschied der Schwingungen. Du wirst doch nicht behaupten wollen, dass der Mikrokosmos nur aus einer gleichen Schwingung besteht? Es ist ein heikles Thema. Wenn zwei Menschen heiraten, aus Liebe, sind sie „glücklich". Mit der Zeit lassen die Schwingungen nach oder sie passen sich gegenseitig an, sie schwingen gleich, mit der Zeit! Vielleicht ist es ein kosmisches Gesetz. Dann kommt der Abschnitt im Leben des Menschen, wo er sich „unglücklich" fühlt. Die meisten werden dann zu Miesemachern, Grandelhubern, Säufern usw. Die begreifen wohl den Sinn des Gesetzes. Die es begreifen, sprechen nicht darüber!
Natürlich ist es immer individuell wie weit ein Od- oder Liebesaustausch zwischen zwei Menschen stattfindet. Es ist wohl eine große Seltenheit, dass sich zwei Menschen in jeder Beziehung verstehen (Zwillingsseelen!). Damit meine ich nicht nur in der Liebe, sondern auch in Bezug auf die Grenzen, dass der Partner weiß, wie weit er gehen darf und besonders die Frau, wann ihr „Sog" aufhören muss, um nicht das Gegenteil von dem zu bewirken, was eigentlich der Sinn und Zweck ihrer weiblichen Tätigkeit ist!
Reicht es nun oder willst Du noch mehr wissen?
Ich habe noch ein Problem! Das der Homosexualität! Ich weiß nochmals

darauf hin, dass dieser Brief nicht von mir ist, wenn ihn jemand lesen sollte. Jeder Mensch hat zwei Systeme in sich vereint. Sind wir doch einmal ehrlich. Was der Orientale „Samadhi“ nennt, ist doch nur die verstärkte Eigenschwingung dieser beiden Systeme? Genital-Herz-Anus-Herz. Oder ist es das Kopfchakra? Bitte, es ist nur erkannte Theorie was ich schreibe. Praktisch bin ich noch nicht so weit. Sicher beruht die Homosexualität darauf, dass die weiblichen Schwingungen im Manne vorherrschen. Vielleicht durch falsche Erziehung oder durch ein Karma bedingt. Vielleicht hat so ein Mensch in seinem früheren Leben Samadhi erreicht und die physische Schwingung war stärker als die psychische. Wenn ich es nur besser erklären könnte!!!
Ich nehme an, dass dieses Thema nicht zur Prüfung gehört?
Bin nun sehr gespannt, was Du mir auf alles dieses antworten wirst.

Mit allen guten Wünschen bleibe ich

Schwester Isola

Sehr geehrter Großmeister! 13.11.66

Mein lieber Bruder Daniel!

Wo ich anfangen soll, weiß ich nicht recht! Hoffentlich vergiss ich nicht die Hälfte von dem, was ich Dir schreiben will!
Zunächst meinen herzlichen Dank für Deinen Brief vom 10.11., den ich gleichzeitig mit dem von **Rahel** erhielt!
Ich muss lächeln, weil Du meinst, ich hätte meinen eigenen Kopf, vielleicht scheint das nur so, vielleicht hast Du auch ein bisschen recht!
Und nun vor allem meinen recht herzlichen Dank für Eure Mühe wegen der Ernennung! Ich habe mich wirklich gefreut wie ein Kind, wenn es zu Weihnachten beschenkt wird! Das Geistige ist mir mehr Wert als alles andere, deshalb die große Freude. Und nun noch eine Überraschung für Dich. Aber bitte missverstehe mich nicht! Denke bitte nicht meine Freude ist mir zu Kopf gestiegen. Ich will nicht schon wieder einen Grad erzwingen. Ich weiß, dass dies nicht möglich ist, denn man könnte es mir oder Euch falsch auslegen. Aber ich will eine Arbeit verfassen, von der ich wissen möchte, ob ich den 12. Grad erreichen könnte damit? Ich bitte Dich daher allen Ernstes mir die Bedingungen mitzuteilen, die man erfüllen muss um den Gradus Solis zu erfüllen. Ich stelle mir vor, dass das Wort solis von solar kommt. Mit dem Wort Sonne identisch ist. Dass es die Bedeutung hat den Solar Plexus zu beherrschen!? Und zwar . . . Was ich schreibe, möchte ich ausdrücklich betonen, ist nicht aus irgend einem Buch gelesen oder gar abgeschrieben, sondern eigene Praxis! Man atmet langsam bewusst ein und erfühlt so mit den Solar Plexus die Schwingungen des Kosmos. Darauf beruht das bekannte Samadhi, wenn man genügend Übung darin hat. Man erfühlt aber auch die Schwingung eines anderen Menschen und kann sie auf diese Art zurücksenden. Darin beruht die Kunst des Liebesaustausches zweier Menschen, die die beiden Prinzipien verkörpern.
Bessere Erklärung:
1) Der Mann ist das Sonnenprinzip. Er atmet die kosmische Energie ein, erfühlt sie oder sammelt sie im Solar Plexus, um sie dann langsam aus zu atmen, sie gewissermaßen dem anderen Prinzip (eine Frau) zuzusenden, die diese Schwingungen, wenn sie mystisch ausgebildet ist, sie ebenfalls auf dieselbe Weise aufnimmt und wieder zurücksendet. Es ist nicht die Liebeskunst, was die Menschen im allgemeinen darunter verstehen, sondern ist meiner Meinung nach das Höchste was es gibt und was ein

Mensch zu geben im Stande ist. Ob mit oder ohne körperliche Beziehung ist individuelle Sache. Wie dieser körperliche oder nur geistig Austausch ausgeführt wird, ist dann natürlich jedermanns eigene Sache. Auch die hässlichen Schwingungen, also besser gesagt die von anderen Menschen entgegengesetzt wirkenden Schwingungen können auf diese Weise zurückgesandt werden und ich bin nicht einmal der Ansicht, dass das schwarze Magie sei, sondern es ist nur ganz einfach Notwehr gegen den anderen der mir böses will. Ich habe diese Probe nun zweimal gemacht mit Erfolg. Einmal unbewusst und einmal bewusst!
Es kam eine Kollegin und fragte mich etwas. Ich kannte ihre Einstellung mir gegenüber. Plötzlich fühlte ich Herzbeschwerden und zwar so stark und plötzlich, dass für mich kein Zweifel bestand, dass es die Ausstrahlung dieser Frau mir gegenüber ist, und zwar bewusst! Im Moment war ich erschrocken, dann meinte ich zu mir selber, dass ich doch der gleiche Mensch sei wie sie und es müsste doch eigentlich gehen, dass ich zumindest dieses Gefühl abstellen können müsste. Ich atmete ein und während ich langsam und sehr bewusst zu ihr sprach, versuchte ich ihr ihre ganze Strahlung, die sie mir gesandt hatte, zurückzusenden. Scheinbar gelang mir das, denn sie wurde mit einem mal kreideweiß und verschwand, so schnell hatte ich sie noch nie laufen gesehen. Es ist wirklich keine Übertreibung! Ich will damit natürlich nicht sagen, dass ich nun mystisch sehr ausgebildet sei, aber das Wissen um die Sache ist jedenfalls da und es ist für mich eine Selbstverständlichkeit, dass ich immer versuche, mich weiter auszubilden. Ich muss lächeln, denn es kommt mir bei all dem eine Idee. Ich könnte sogar den 9. Grad erwerben mit diesem Wissen, aber versuche nicht ihn mir anzubieten, denn ich will frei sein. Der 9. Grad verpflichtet, und ich will nur mit Menschen Liebe austauschen, der mir selber zusagt. Das andere ist in meinen Augen ein Verkauf, ein Verrat an sich selber. Ich schreibe das deshalb, weil ich es einmal im Leben durchgemacht habe. Was besagt schon so ein lächerliches Papierchen „Heiratsurkunde“! Es verbirgt sich so viel Verkauf und Verrat dahinter, dass es in keinen Augen doch nur ein, wie soll ich es ausdrücken, eine gesellschaftliche Form bezeichnet. Bitte verzeiht, wenn ich so krass schreibe. Es gibt natürlich in jedem Falle ein für und wieder und es ist letzten Endes immer persönliche Angelegenheit eines jeden Einzelnen.
Ich bin neugierig auf die anderen Romane **Rahels.** Wenn sie fertig sind, möchte ich Euch bitten, mir sie zu senden. Per Nachnahme! Natürlich interessieren sie mich! Es ist die Seele meiner Schwester die sich da

offenbart! Sie ist sehr kompliziert und mehr als feinfühlend.
Ich versuche eine Geschichte zu schreiben. Vielleicht versteht sie, was ich damit sagen will. Bitte schreib mir doch was sie eigentlich für Schmerzen hat. Ich will mich über nichts beklagen, aber nur das eine Mal die Wahrheit sagen. Ich habe auch manchmal wahnsinnige Schmerzen, aber ich glaube zu wissen, woher sie kommen und will stille sein!
Ich lasse mir ganz gerne gefallen, wenn Du mir halbe Portion sagst, denn Du meinst es natürlich nur in materieller Hinsicht, nicht wahr?
Ich ärgere mich grün, schwarz und blau weil ich diesen Samstag und Sonntag frei hatte, da ich gestern von der Wache kam und hatte kein Geld zum Wegfahren. Es wäre schön, wenn Bruder **Domanis** auch am Samstag den 19. noch bei Euch wäre, denn an diesem Tage habe ich voraussichtlich frei und möchte um jeden Preis zu Euch kommen. Hoffentlich macht mir der Dienst nicht wieder einen Strich durch die Rechnung. Karten habe ich bis jetzt keine erhalten. Vielleicht gingen sie bei dem allgemeinen Hochwasser irgendwo unter.
Wenn ich die Stelle lese, wo Du mir von Schwester **Rahel** schreibst, dass sie Dir sagte, wie sie im Sarge liegen will, überläuft es mich eiskalt. Es ist kein frieren von außen, es kommt von innen. Wenn ich ihr doch helfen könnte? Glaub mir, ich möchte es tun, aber ich kann es nicht. Das einzige was ich tun kann, ist nur die Geschichte schreiben, für alle natürlich, aber **Rahel** wird sie verstehen. Ich hoffe, dass es mir gelingt.
Im gewissen Sinne bist Du auch mitschuldigt an den Depressionen deiner Frau, aber Du kannst doch wieder nichts dafür, denn Du bist nur das Werkzeug der anderen Mächte! Es ist ihr Weg, den sie gehen muss und den sie sich gewissermaßen selber gewählt hat!!!
Warum ich das schreibe? Ich habe Ostern als ich bei Euch war eine kleine Beobachtung gemacht aus der ich, von meiner eigenen Lebenspraxis aus, allerhand Schlüsse ziehen konnte!
Da fällt mir noch etwas ein! An Ostern sprachen wir über den Abschnitt in dem Buch von Gustav Meyrink „Das Grüne Gesicht“! Du meintest, dass der Verfasser die Größe des Gliedes gemeint hat, von jenem Mann auf der Bühne! Ich bin anderer Ansicht! Es ist ein alter Greis, der da auf der Bühne steht. Es nestelt an sich herum. Dann verbirgt er sein Gesicht in den Händen. Der Kommentar des Verfassers heißt „Kraft der Imagination“! Es ist die geistige Willenskraft, die über den Körper siegt! Dass er sein Genital ohne jegliche Einwirkung, außer mit Hilfe seiner geistigen Imagination, soweit zu beleben versteht als wäre er noch jung und hätte er eine Frau bei

sich! Wie soll ich mich anders ausdrücken!? Das ganze Buch dreht sich doch eigentlich nur darum, diese mystische Kraft und die Beherrschung derselben zu erklären!
Zum Schluss hätte ich noch eine Bitte. In den Gesetzen steht, dass der 12. Grad, die Bedingungen dazu im Studienheft Februar 1957 enthalten sind. Ich besitze kein solches.
Übrigens muss es noch ein Zeichen geben, an dem sich Bruder und Schwester erkennen, auch wenn sie sich fremd sind. Ich habe es nun zweimal erlebt. Natürlich werde ich nicht darüber schreiben. Warten wir ab. Vielleicht ist es auch von einer anderen Loge. Einerlei, ein Bruder war es auf jeden Fall!

Für heute nun recht herzliche schwesterliche Grüße – Isola

Sehr geehrter Großmeister! 25.11.66

Lieber Bruder Daniel!

Gestern erhielt ich mit herzlichen Dank und viel Freunde das bewusste Heft. Leider war der Umschlag dermaßen demoliert, dass eine Seite davon nicht mehr geöffnete werden brauchte, denn man konnte das ganze Heft so heraus nehmen wie es war. Ich wundere mich nur, dass noch alles drin war. Hoffentlich hat es niemand gelesen. Es wäre mir doch ein wenig peinlich!
Die Fahrt verlief übrigens harmonisch wie Du es mir vorausgesagt hattest und die Tage im Dienst waren abscheulich. Bin neugierig, wie lange diese Pechsträhne noch dauert?
Gleich nachher werde ich das Geld wegschicken für den Kristall und das Heft. Es wird mir auch so reichen für den Monat.
Übrigens war das nicht eine komische Angelegenheit mit der Fahrt zum Bahnhof? Wer hätte geglaubt, dass es so schnell geht. Ich nehme an, dass Du Verständnis hattest dafür, dass ich so schnell abfuhr. Ich kam tatsächlich um sechs Uhr in 6.00 im Günzburg an und konnte mich noch umziehen und rechtzeitig im Dienst zu sein! Du kannst Dir ja gut vorstellen, wie es mir an diesem Tag erging. Ich trank natürlich „Kaffee bis zur Vergasung“, wie man so sagt. Nachmittags erwischte es mich dann doch beinahe, dass ich fast im Stehen einschlief.
Dass ich trotz allem fuhr, darfst Du mir nicht übel nehmen. Ich bin das so gewohnt mein ganzes Leben lang. Nicht dass ich mich zu den Arbeitstieren zählen würde, aber ich kann nicht anders als das tun, wovon ich überzeugt bin und das war in diesem Falle zur Arbeit pünktlich zurück zu sein, damit niemand etwas sagen kann. Im richtigen Sinne gesehen, ich wollte frei sein von einer Entschuldigung. Es ist eine Art Stolz, dass man vor niemanden katzbuckeln braucht. Ich war schon mein ganzes Leben lang so und kann mich nicht ändern. Will auch nicht.
Was mach ich eigentlich mit Bruder **Peter?** Muss ihm doch zumindest danken für die Fahrt nach Frankfurt? Wer weiß ob ich den Zug erreicht hätte, wenn ich mit dem Bus gefahren wäre? Ich kann ihm doch nicht einfach schreiben?
Darf ich Dich bitten, dass Du ihm für mich vorerst einmal meinem Dank aussprichst und ich werde es bei der nächsten Gelegenheit nachholen.
Was machen unsere Brüder und Schwestern in Kelkheim? Bitte grüße sie von mir, wenn ihr wieder zusammen seid!

Am Sonntagabend war ich noch recht fest mit meinen Gedanken bei Euch. Es tat mir wirklich leid, dass ich beim Zelebrieren des Rituals nicht dabei sein konnte.
Bruder **Willi** konnte ich noch nicht richtig ansprechen. Die Grüße habe ich ausgerichtet.
Für heute sende ich recht herzliche Grüße

Deine Schwester Isola

Mein sehr geehrter Meister! 1.12.66

Lieber Bruder Daniel!

Neben mir liegt ein Zettel, auf dem ich einige Notizen gemacht habe und ich weiß fast nicht, wo ich anfangen soll.
Meinen Brief hast Du doch sicher erhalten? Wenn ich auch noch keine Antwort darauf habe, denn es stand ja nichts Weltumwälzendes darinnen, so muss ich Dir einfach heute schreiben.
Ich hoffe, dass Ihr alle drei noch gesund seid?
Dass Du mit der Tatsache, mir das S.M.-Heft zu geben, ein gutes Werk getan hast, musst du unbedingt wissen. Ich hatte am Montag Wache und las es in einer Nacht aus. In der darauffolgenden Nacht las ich noch einmal soweit ich kam.
Mein Kommentar:
In einer Beziehung finde ich eine Paradoxität in seiner Ausführung, denn er schreibt am Anfang die „Verdammung" des Weibes. Vielleicht ist das Wort Verdammung nicht der richtige Ausdruck, aber ich hoffe, da Du kein Wortglauber bist und mich verstehst, wie ich das meine. Also am Ende seiner Schrift meint er dann, dass die Bestimmung einer jeden Sonne das Zwiegestrin ist am Ende ihrer Laufbahn! Wie ist das nun! Zuerst noch etwas anderes, was mich sehr tief berührte! Dass auch dieser große Mann schreibt, dass ein Mensch zuerst innerlich etwas empfinden muss, bevor er zur Sexualmagie übergeht. Er schrieb mir aus der Seele. Du musst doch auch verstehen, dass man mit einem Menschen, der innerlich nicht dabei ist, nichts anfangen kann. Eine gewisse Sympathie muss doch wohl Vorbedingung sein? Du kannst Dich sicher daran erinnern, dass ich Dir schrieb, dass ein Akt der nur mit den Genitalien ausgeführt wird, keine Liebe ist in unserem Sinne, sondern ganz einfach nur eine animalische Befriedigung. Indessen bin ich mir aber im Klaren, dass der Körper auch zur Ausübung der S.-Magie gehört! Sicher kommt es darauf an, wie weit die Partner in ihrer magischen Wirkungskraft gestiegen sind. Magie heißt doch meiner Ansicht nach an und für sich praktisch angewandte Mystik!
Nun zurück zum Zwiegestirn! Ich stolpere nicht über dieses Wort. Mit dem Zwiegestirn meint er doch wohl die Hermaphrodie, die geistige natürlich, nicht die Homosexualität, wie sie viele Menschen verwechseln, wenn sie das Weib fliehen!
Mein Gesicht verzog sich zu einem Lächeln als ich dachte, dass doch eine

Frau auch nicht nur dazu da ist, um ihre lunaren Einflüsse geltend zu machen, sondern auch sie strebt zur Hermaphrodie! Ich bilde mir das jedenfalls ein! Ist es nicht das, was die Inder Samadhi nennen? Charles Waldemar schreibt allerdings in seinem Buch, dass man das andere Prinzip nicht fliehen soll, solange man das Ziel noch nicht erreicht hat. Mir leuchtet das vollkommen ein. Du weißt ja, wie ich darüber denke. Es ist nicht ein bestimmter Mann den man sucht bzw. eine Frau, sondern das andere Prinzip! Trotzdem ist es Voraussetzung, dass einem der Partner auch seelisch zusagt oder besser gesagt, gerade deshalb. Je größer die Sympathie desto größer das innere Empfinden und desto stärker die Schwingung. Ist das nicht eigentlich eine logische Sache?
Gestern Abend rief mich plötzlich Bruder **Willi** von der Pforte aus an. Er hat das noch nie getan und ich wusste nicht, was ich denken sollte. Als ich hinunter kam, meinte er, dass er sein Zimmer eingerichtet hätte und wann ich einmal kommen würde zur S.M.! Ich war im Moment wie vor den Kopf gestoßen. Wir hatten uns schon einmal über dieses Gebiet unterhalten, aber ich kann mich nicht erinnern, ihm etwas davon versprochen zu haben. Vielleicht habe ich einmal irgendetwas Unvorsichtiges gesagt um Frieden zu haben, denn er kann, wie ich ihn kenne, in seiner Redensart sehr aggressiv sein. Ich sagte ihm im Laufe des Gespräches, dass mir „heute Abend“ jemand Kraft entzogen hat. Er schimpfte plötzlich laut, dass das Unsinn sei und so, aber ich kenne ihn nun soweit. Wenn er schimpft, hat er etwas zu verbergen. Ich ließ nicht locker und blieb fest auf meiner Behauptung. Plötzlich zog er eine Kristallkugel aus der Tasche und fragte lachend, ob ich das kennen würde. Ich war im Moment sprachlos. Dann sagte ich mit allem Nachdruck der mir zu Gebote stand: „Sie soll der Teufel bei lebendigem Leibe holen, wenn sie mir Kraft entziehen!“ – Er lachte nur und sagte, warum sind sie denn nicht gekommen, wenn sie es schon fühlten? Ich konnte nur meinen Satz noch einmal wiederholen. Ich hatte mir nämlich tatsächlich vorgenommen, nicht mehr hinzugehen, denn er hatte mir ein paar Tage vorher gesagt, dass er zu seiner Frau gesagt hätte: „Du, heute Nacht war ich bei der K.!“ Es war mit peinlich, weil ich weiß, wie die Herrschaften alle über so etwas denken und ich muss doch schließlich hier arbeiten und werde dann schief angesehen, nur weil er solchen Kram verzapft. Wenn er schon eine Gedankenverbindung herstellen will oder praktisch zu arbeiten versucht, so kann er doch gefälligst seinen Mund halten den anderen gegenüber, die kein Verständnis dafür haben!

Du kannst Dich sicher an die Karten erinnern, die Du geschlagen hast. Es war kein leerer Wahn, was Du mir da alles sagtest. Ich weiß längst, dass mir von dieser Seite her immer wieder Unannehmlichkeiten drohen. Kann denn ein ausgewachsenes Mannsbild nicht den Mund halten? Er ist in seinem Wesen geschwätzig, wenn er es vielleicht gar nicht so meint, wie da dann raus kommt, aber in gewissen Sachen muss man doch schweigen können?
Im Laufe des Gespräches sagte ich ihm, dass meine Schmerzen in der . . .
(hier endet der Brief und geht dann folgender Art und Weise weiter) . . .
Mir fällt eben noch etwas ein. Den Stoff zu meinem schwarzen Mantel würde ich gerne selber kaufen. Ist das recht? Und ich denke, dass etwa 4 ½ m reichen würden. Oder sagen wir 5? Ich wäre Dir dankbar, wenn Du mir Bescheid schreiben würdest.
Ich möchte so gerne etwas schreiben, was mich drückt. Wie ist das nun mit der magischen Verbindung zwischen uns und mit dem Spiegel? Ich meine, es muss nicht unbedingt sein, wenn Du Dir nichts daraus machst!
Natürlich würde ich mich sehr freuen, wenn Du mir recht bald antworten würdest
Für heute glaube ich langt es, meinst Du nicht auch?

Mit recht herzlichen Grüßen

Deine Schwester Isola

An den, den es interessiert! 4.12.66

Es soll eine Geschichte werden, aber ich weiß wirklich nicht wo zuerst anfangen! Neben mir liegt ein Zettel mit allerhand Notizen darauf. Auch die Tarotkarten liegen daneben! Leider bin ich noch nicht soweit, dass ich sie verstehen kann. Wenn ich alleine schon die erste Karte betrachte! Sie zeigt einen Menschen, der einen Sack auf den Rücken trägt! Der Narr – wird er genannt! Warum? Ich habe lange darüber nachgedacht. Was ich hier schreibe, ist nur meine eigene Meditation. Es muss demjenigen, der es liest, nicht unbedingt zu sagen. Abgesehen davon bin ich für jedermanns andere Meinung zugänglich und dankbar für jede Belehrung!
Der Narr also, der noch an der Erde hängt! Er klebt sozusagen noch an der Materie. Nun ist das wirklich ein großer Begriff.
Um mich sind täglich viele kranke Menschen, die wirklich manchmal buchstäblich an einem Stückchen Papier hängen oder was sie sonst noch in ihrer Schürzentasche herumtragen. Kleinigkeiten, über die es nicht einmal lohnt darüber zu sprechen oder daran zu denken. Trotzdem bin ich der Ansicht, dass auch das ein Faktor ist, über den man eigentlich sprechen kann. Sie Schulmedizin nennt es „Sammeltrieb!" Woher kommt aber diese innere Verkrampfung eines Menschen? Es ist doch wirklich nichts anders als eine Verkrampfung! Ich bin der Ansicht, dass es Menschen sind, die in ihrem innersten seelischen Empfinden habgierig sind oder durch äußere Lebensbedingungen, in einem entscheidenden inneren Entwicklungsmoment gezwungen waren, sich speziell auf den Erhalt irgendeines materiellen Gegenstandes einzustellen. Es gibt doch Momente im Leben des Menschen, in denen er innerlich sensibler ist. Sind es nicht die Momente, in denen er geistig auf- oder abwärts steigt? Man sagt doch, dass jeder seines eigenen Glücks Schmied sei. Das gilt allerdings nur für diejenigen, die ihren inneren Willensimpuls zu entwickeln verstehen! Alle anderen gehören zu der großen Herde! Zur Massenseele!
Nun kommt aber ein für mich sehr heikles Thema, das ich nur in meinem Inneren und ganz für mich alleine beurteilen möchte. Ob es ein Endurteil ist, weiß ich selber noch nicht!
Wie viele Prinzipien gibt es eigentlich? Zwei? Die kosmische Kraft, die aus dem weiblichen und dem männlichen Prinzip besteht! Zweipolig! Im Uranfang war die Hermaphrodie! Dann muss es doch durch die Entwicklung über Äonen zweierlei Menschentypen gegeben haben! Nicht

nur das materielle männliche und weibliche Prinzip, sondern auch vom kosmischen Standpunkt aus gesehen. Richtig ausgedrückt gäbe es also nun materielle männliche und weibliche Individuen aus dem männlichen kosmischen Prinzip und männliche und weibliche Individuen aus dem weiblichen kosmischen Prinzip geschaffen. Der Kernpunkt meiner Meditation wäre dieser.
Das männliche Prinzip ist die Sonne. Die Krafterzeugung. Die Ausstrahlung. Das weibliche Prinzip ist der Mond, der Sog, die Kraftaufnahme, um sie aus dem geistigen in Materie zu verwandeln. Das beweist doch alleine so schon, dass die Frau Kinder gebiert! Es wäre also der ewige Wechsel zwischen Geist und Materie. Die Sonne strahlt aus sich selbst und zeugt geistige Kraft. Der Mond saugt diese Kraft auf und schafft Materie. Richtig gesehen ist der Mensch eigentlich ein Stern, durch seine magnetische Strahlung bedingt. Durch die Entwicklung über Äonen aber, hat sich das Verhältnis der menschlichen Strahlung verschoben. Wie schon erwähnt gibt es nicht nur Frauen im kosmischen weiblichen Prinzip, sondern auch Männer und umgekehrt. So ist das Verhältnis vermischt und es gibt also meiner Ansicht nach ebenso gut Frauen, die zum geistigen Prinzip aufsteigen wie es Männer gibt, die nach unten steigen! In diesem Falle meine ich mit „Unten“ die Materie!
Ich aber glaube unter all den vielen Bekannten einen Mann zu kennen, der von unten kommt und vielleicht – vielleicht nach oben will. Er ist geistig ganz oben, aber er kämpft mit den Kräften der Finsternis, das heißt sie sind seine Verbündeten.
Ist der Mensch nicht ein Einzelindividuum, (dem) es frei gestellt ist, mit welchen Mitteln er immer kämpfen will zu kämpfen?
Jetzt kommt eigentlich der Kreuzweg für mich, an dem ich nicht mehr ganz weiter weiß.
Ich weiß, es gibt Menschen, die schwören darauf, dass die sexuell Kraft eines Menschen die stärkste ist. Das mag sein, aber ich bin der Ansicht, dass da ein großer Unterschied gemacht werden muss.
Der menschliche Körper ist dem Kosmos nachgeschaffen!
Bitte ich betone nochmals, dass es nur meine eigene innere Ansicht ist, die ich hier vertrete.
Der Kopf des Menschen ist der Sitz des Geistes. Der Solarplexus der Sitz der Seele. Die Genitalien sind der Sitz der Materie,
Richtig ausgedrückt ist der Kopf die Vergeistigung, im Solarplexus die Seele und in den Genitalien die Materie. Wer will das Gegenteil behaupten?

Wenn also ein Wunsch oder Befehl realisiert werden soll, kommt es darauf an, ob er in materieller oder nur in geistiger Ebene liegt.
Diese sogenannten schwarzen Messen die ich früher so verabscheute, beginnen langsam in ein Licht aufzusteigen. Nicht dass ich sie persönlich empfehlen möchte, aber ich fange an Verständnis dafür aufzubringen. Wenn es sich um einen materiellen Wunsch handelt, ist es eigentlich eine Selbstverständlichkeit, dass der Mensch, der diesen Wunsch verwirklichen will, auch die materielle Kraft in Bewegung setzen muss. Man könnte also eigentlich die Schwarze Magie nochmals in zwei Gruppen aufteilen. Nämlich in die, in der nur ganz einfach ein Wunsch durch materielle Einwirkung des Menschen (beim Akt) verwirklicht wird und in die, in der ein Wunsch nur aus reinem Egoismus seine Mitmenschen schädigt. Es gibt so vielerlei Meinungen und Ansichten, dass am Ende nichts mehr übrigbleiben möchte als ein Chaos im menschlichen Sein, wenn er nicht seiner eigenen inneren Überzeugung nach leben möchte, was ich selber als das einzig richtige ansehe.
Warum den anderen verdammen, nur weil er eine andere Ansicht hat als ich? Nur muss man sich selber im klaren sein, was man glauben will und was man tun und lassen „dürfen will". Wenn ich mich heute in meiner Haut wehre, indem ich dem andern seine schlechten Einflüsse zurücksende, die er mir zusendet, so darf es mir natürlich nicht leid tun, wenn er vielleicht darunter leidet. Es gibt ja im ganzen Leben und im Kosmos nur immer zwei Seiten. Ich oder Du! Sogar Jesus Christus hat gesagt: „Wer nicht mit mir ist, der ist gegen mich!" Wo bleibt da eigentlich die Nächstenliebe, die er immer gepredigt? Vielleicht bezieht sie sich doch nur auf den obigen Satz, dass man dem Menschen nichts zufügen soll, der an und für sich friedlich ist!???
Wenn ich vorhin schrieb, dass ein Mensch von unten nach oben will, ist das eigentlich in diesem Sinne gemeint, dass er von der Materialisierung zur Vergeistigung schreiten möchte. Alle großen Mystiker schreiben, dass die materielle Sexualkraft in geistige umgewandelt werden soll. Ich könnte mir vorstellen, dass über weitere Äonen der Zyklus sich wieder rückwärts entwickelt.
Damit will ich sagen, dass der Zyklus der ist, dass sich die kosmische Urkraft in Materie verwandelt und dann wieder zurück in kosmische Kraft. So auch der Mensch. Er wird, auf gewisser Basis gemeint, zum Tiermenschen, um sich dann wieder zum Hermaphroditen zurück zu entwickeln. Zum geistig-kosmischen meine ich. Nun bin ich wieder auf

dem Punkt, den ich schon einmal erwähnte. Wenn ein Mensch einen gewissen Punkt erreicht hat, fängt er mit seiner Rückentwicklung an. Ist nicht der Geist immer noch mehr wert als die Materie? Doch ich sehe das jeden Tag, dass es so ist. Also ist es wirklich kein allzu großer Unsinn, wenn man meint, dass es im Grunde genommen wichtiger ist, sich auf den Geist, anstatt auf die Materie zu konzentrieren!??? Was ein Mann für ein Innenleben hat, weiß ich nicht. Ich als Frau behaupte jedenfalls, dass ein sexueller Akt der nur materiell, also mit dem Körper ohne seelische Empfindung ausgeführt wird, zur Nervosität und zum Irrsinn führt. Der Mann wird zum Tier und die Frau zur Amazone oder zu einem degenerierten Etwas. Von Menschsein keine Rede mehr! Auch die Schizophrenie kann sich meines Erachtens daraus ergeben. Die Frau, die naturgemäß nach seelischem Empfinden verlangt, sucht dieses dann evtl. durch Einbildung zu ersetzen. Ihr Ego wird durch diesen inneren Zwiespalt geschwächt und sie ist anderen Strahlungen zugänglicher, ihnen mitunter einfach ausgeliefert, weil die eigene innere Kraft fehlt! Nur diejenige, die von Natur aus einen sehr starken Willen hat, vielleicht bedingt durch ein früheres Schicksal, wird sich selber aus einer solchen Gefangenschaft der Finsternis befreien können, in die sie sich auch freiwillig begeben hat. Ich habe in dieser Beziehung reichliche Erfahrung und darf das ruhig schreiben!
Beruhen nicht eigentlich alle Geistes- und Gemütskrankheiten eigentlich auf falscher kosmischer Strahlung, die ein zu schwaches Ego nicht die Kraft hat, abzuweisen? Beruht nicht darauf der Sinn des Betens oder Meditierens oder sich Sammelns? Nenne es wie du willst, mein Freund, es wird immer das selbe sein. Es ist nur ein Sammeln der gleichen Kräfte des eigenen Ego. Ich kann es nicht besser ausdrücken. Wirst Du mich verstehen? Auch die seelische Liebe ist deshalb für die Frau vielleicht wichtiger als die körperliche. Je sympathischer ein Mann, desto stärker die Schwingung. Das ist nun einfach einmal das kosmische Gesetz, daran werden wir beide wahrscheinlich auch nichts ändern können!???
Ob ich ein Geheimnis verrate, wenn ich schreibe, dass es Frauen gibt, die ganz genau fühlen, was der männliche Partner für sie empfindet? Ist es ein Mann, der sich nur auf die Genitalien konzentriert, so fühlt sie das auch an dem entsprechenden Platze. Wenn er ihr seelisches Empfinden entgegenbringt, so fühlt sie auch seelisch, was ungemein schöner und erhebender ist, falls sie schon auf einer höheren mystischen Entwicklungsstufe steht. Es kann sogar soweit gehen, dass sich die beiden nicht nur körperlich oder

seelisch oder beides vereinen können, sondern dass sie auch geistig sich vereinen können. Das hat aber mit dem Denken an und für sich nichts zu tun!!! Niemand weiß was es heißt, mit einem geliebten Menschen seelisch-geistig verbunden zu sein! Es muss wohl das Höchste sein! Es besteht nur wiederum eine Gefahr! Und zwar die der Einbildung! Ich bin ja mein ganzes Leben lang an und für sich sehr misstrauisch und bin es natürlich auch in Bezug auf Mystik, Magie und so weiter.
Habe ich nicht schon einmal geschrieben, dass die Zirbeldrüse und das Nervensystem der Transformator der geistigen Schwingungen sind? Ich bin noch immer demselben Ansicht!!! Und ich behaupte sogar, dass darauf oder dadurch das Samadhi zustande kommt. Wenn Nerven und Zirbeldrüse im kosmischen Rhythmus schwingen.
Wenn Du nun willst, mein lieber Leser, so kannst Du auch noch zwischen den Zeilen lesen. Für heute will ich es genug sein lassen. Vielleicht darf ich bald wieder einmal eine kleine Geschickte für die Loge schreiben. Am liebsten möchte ich sie ein wenig umändern, um sie als eine der sechs Pflichtschriften für den „Solis“ verwenden zu können, aber das kann ich ja noch immer.
Ich bin keine Schriftstellerin und kann halt nur das schreiben, was ich persönlich weiß und kenne. Vielleicht kann doch irgendeiner etwas davon brauchen?

Mitleidlose Liebe ist das Gesetz!

Eure Schwester Isola

Logenbeitrag: Das magische Band!

Was ist eine Enttäuschung? Doch nur eine Verneinung unserer Einbildung über eine bestimmte Sache! Leider bedenken das zu wenig Menschen und suchen die jeweilige Schuld immer nur auf der anderen Seite anstatt großenteils in sich selbst!
„Prinzesschen war schon sehr früh alleine und auf sich selbst angewiesen. War keine Schönheit, aber sie machte doch von dem Recht Gebrauch, wie es alle jungen Mädchen tun, von einem Prinz zu träumen. Als sie glaubte, einen solchen gefunden zu haben, stellte es sich heraus, dass es ein Wolf gewesen war, der sie fast aufgefressen hatte. Als sie dessen gewahr wurde, weinte sie viele Tage und Nächte lang. Sie hatte sich eingebildet ihn zu lieben, aber es war nur der Hunger nach den Leben oder nach dem, was sie damals Leben nannte. Auch die größte Enttäuschung ist einmal zu überwinden. Besonders wenn nach dem Wolf ein anderer Prinz kommt, der es gut mit ihr meint. Aber dieses gut meinen hielt sie nicht aus. Auch das konnte kein Prinz sein, sondern nur ein kleiner Kobold, der versuchte ihr die Zeit angenehm zu vertreiben.
Noch ein anderer kam, der sich als Prinz vorstellte. Er hatte sehr schöne Gewänder an und zeigte ein gutes Benehmen, aber er hatte nicht das gewisse Erkennungszeichen, das eigentlich ein Prinz haben müsste. Sie wusste zwar selber nicht, was es sein würde, aber sie würde es schon erkennen, wenn der „Richtige“ kommen würde. Wenigstens hatte sie nun durch die Enttäuschung mit diesen Wölfen und Kobolden gelernt vorsichtiger zu sein, wenn sie das nächste Mal ihre Türe öffnen würde. Dass sie selbst dieses Erkennungszeichen in sich trug, wusste sie erst viel später, als sie den echten Prinzen erkannt hatte. Es war ein Licht, das sie bei ihrer Geburt von einer guten Fee als Geschenk bekommen hatte. Sie trug es immer in sich. Bis jetzt noch eher unbewusst. Die Bedingung der Fee war, dass sie ihr eigenes Licht erst erkennen dürfe, wenn sie ein paar gewisse Prüfungen überstanden hätte.
Es waren sehr harte Prüfungen. Sie ging einen sehr dunklen Weg und es war wirklich nur ihr eigenes Lichtlein, das ihr gerade so viel leuchtete, dass sie nicht in den Abgrund stürzte. Manches Mal fand ihr Fuß kaum noch einen Halt und dazu kam noch, dass viel Wölfe und Tiger auf sie lauerten. Sie kamen in allen möglichen Gestalten zu ihr und begleiteten sie meist ein Stück. Sie versuchten alle ihr „Lichtlein“ auszublasen, damit sie in den

Abgrund stürzen sollte, um sie dann aufzufressen; aber sie hielt immer wieder tapfer die Hände davor, wie es ihr die gute Fee gelernt hatte und nur einmal war sie dem Abgrund so nahe, dass ihr wirklich kein Weg mehr schien. Sie hatte nämlich einen dieser Wölfe ihr Händchen gegeben. Er war ihr so vertrauenswürdig erschienen, denn er heulte nicht wie die anderen. Er trug sogar selbst ein Licht bei sich und so kam es, dass unser Prinzesschen diesen Wolf mit einem Prinzen verwechselte. Erst viel später erkannte sie den Unterschiede zwischen dem Licht eines Prinzen und dem Licht eines Wolfes. Das seinige war nämlich rot und das eines Prinzen müsste eigentlich gelb sein. Das ihrige war nämlich blau und wenn man ein gelbes und ein blaues Lichtlein mischt, gibt es ein starkes grünes Licht. Aber das hatte dem Prinzesschen niemand gesagt. Es war die Lösung des Rätsels, das ihr die gute Fee als Aufgabe gestellt hatte.
Das rote Licht des Wolfes verstärkte sich noch zu allem Unglück für das Prinzesschen und es wurde fast blind, sodass es den Weg, auf dem es der Wolf wie ein nicht abzuschüttelndes Ungeheuer begleitete, streckenweise nur noch durch betasten ihres zierlichen Fußes fand.
Eines schönen Tages aber stand es vor einem so dichtem Dornengestrüpp, dass es keinen Ausweg mehr fand. Der Wolf stand hinter ihr. Er wollte ihr helfen, aber das konnte er nicht, denn er hatte ja nicht das richtige Licht für sie. Wahrscheinlich hätten sie sich beide ihre Leiber zerfleischt, wenn sie gemeinsam versucht hätten durch dieses Gebüsch zu gehen. Außerdem stand hinter dem Wolf noch ein anderes Tier, das auch ein rotes Licht trug. Es wies aber in eine andere Richtung. Der Wolf senkte den Kopf und da erkannte das Prinzesschen plötzlich, dass es für sie nur eine harte Entscheidung geben würde. Wenn sie mit dem Wolf diesen breiteren Weg ging, der an dem Dornengebüsch abwärts vorbei führte, würde sie sehr bald in den Abyssus stürzen. Das andere Tier, das noch hinter ihm stand, würde sicher dafür sorgen. Sie riss das Band, das sie mit ihm verbunden hatte von ihrem Herzen und sie war sehr erstaunt, es blutete nicht einmal. Die Schmerzen die sie während des Weges empfunden hatte, während der Wolf ihr Begleiter gewesen war, wahren viel größer und heftiger gewesen als die bei der Lösung des Bandes. Sie sah noch wie das andere Tier sich über ihn stürzte und es entstand ein wilder Kampf zwischen den beiden am Rande des Nichts! Sie konnte diesen nicht helfen und wollte auch nicht, denn es verband sie nun keine Verpflichtung mehr zu „ihm“. Wie erstaunt aber war sie als sie sich umdrehte und versuchen wollte diese stacheligen Dornen zu beseitigen, die ihr zuvor den Weg versperrt hatten! Es waren inzwischen

Blumen aufgeblüht von einer solchen Bracht, wie sie unser Prinzesschen nie im Leben zuvor gesehen hatte. Sie wusste nicht ob sie die brechen durfte. Auch die Dornen waren nun nicht mehr so stachelig wie vorher. Ihre zierlichen Füßchen schienen frei zum Gehen. Nur der Körper wurde ab und zu noch von den Dornen des Alltags geritzt. Je tiefer sie nun in diesem Gestrüpp kam, um so schöner wurden die Blumen und um so schöner wurde auch der Weg. Sie lernte plötzlich wie von selbst ohne Mühe die Dornen zu umgehen und die Blumen zu Pflücken. Zuerst tat sie es immer noch mit der Angst, sie könnten sich in rote Lichter verwandeln. Aber dann erkannte sie, dass es die Blumen des Paradieses sein müssten, die ersten Grüße des wirklichen Prinzen. Freudig schritt sie ihren Weg nun weiter, der Dornen kaum mehr achtend. Ihr eigenes Licht, das sie inzwischen kennen gelernt hatte, war sehr hell und leuchtend geworden und so kam es, dass sie plötzlich weiter sehen konnte als andere. Es leuchte ihr auf ihrem Weg voraus.
Eines Tages kam sie an einem Platz, wo ein großer Brunnen war und es stand jemand davor. Es war ein Mann in einem schönen Gewand. Ihre Angst, er könnte sich in einen Wolf verwandeln, war eigentlich unbegründet, aber sie war trotzdem vorsichtig. Noch verhüllte sie ihr Licht. Wie es dieser Mann auch tat, sie sah in sein Gesicht, da wusste sie plötzlich, dass er ein Prinz sein musste. Ein wirklicher echter Prinz. Für den Bruchteil einer Sekunde war seine Hand unachtsam geworden und sie hatte ein strahlendes gelbes Licht hervorleuchten sehen. Mechanisch hob sich nun ihre Hand, alle Vorsicht vergessend. Ihr inneres Licht strahlte plötzlich wie nie zuvor, so hell. Er wandte den Kopf und sah ihr in die Augen; aber nur für den Bruchteil einer Sekunde, dann sah er schon wieder weg. Auch ihr ging es nicht anders. Sie schienen beide Angst zu haben, dass der andere das Licht sehen und sich dann doch noch in einen Wolf verwandeln könnte. Sie mussten beide ein Stück des Weges gemeinsam gehen. Auf der anderen Seite des Brunnens standen sie sich fest und es war wie ein Zwang. Es leuchtete plötzlich ein Band zwischen ihnen, wie es das Prinzesschen nie zuvor gesehen hatte und nie zuvor gefühlt. Es war ein grünes Band von solcher Stärke und Schönheit, dass die ganze Umgebung vergessen war. Es war der richtige Prinz. Er stand dicht hinter ihr und sie fühlte seinen Atem. Sie fühlte und hörte nichts anderes als ihn und seinen Atem und es war eine herrliche grüne Wolke um sie, die aus ihnen heraus zu kommen schien. Nun weiß das Prinzesschen, dass sie die Paradiesblume pflücken darf, wenn der

Prinz kommt. Sie kennt nun das Zeichen, was ihn von den Wölfen unterscheidet. Wenn er auch wieder fort musste, irgendwann wird sie ihm wieder begegnen, auch wenn es lange dauert. Was macht das schon aus? Es verbindet sie ja das magische Band!

*

Ich nehme an, dass meine Schwester mich versteht!

19.12.66

Der Seelenspiegel!

Das Leben ist eine Gefangenschaft! Eine Gefangenschaft der Kraft – Das Ego!
Noch immer gehe ich den Weg der Finsternis, der Gefangenschaft. Noch immer fühle ich die Fesseln, die Ketten die mir bei meiner Geburt angelegt wurden! Ich weiß, dass ich kämpfen muss, aber ich kenne noch immer nicht richtig meine oder meinen Gegner. Es ist ein ungleicher Kampf! Wann werde ich die Kraft haben, mich selbst zu befreien. Wann werde ich endgültig über den Abgrund des Nichts geschritten sein?
Ich schwebe über dem Abyssus! Ich fühlte es nie so deutlich wie jetzt! Tausende von Armen greifen nach mir! Tausende von abscheulichen gierig saugenden Vehikeln! Mich hinunter zu ziehen in den Abgrund aus dem es kein Zurück mehr gibt!
Ich blicke hinunter! Ein eisiger Schauer erfasst mich gegen den ich mich nicht wehren kann. Es schwindelt mir. Vergeblich sucht mein Fuß eine feste Stelle an der er einen Halt findet, an der er endlich wieder festen Boden fühlt um seinen Weg fortzusetzen!
Wo ist das Licht, das mir bis jetzt geleuchtet hat? War es nur ein Trugschein? Oder verbirgt es sich nur um mich zu prüfen ob ich noch nicht reif genug bin, um meinen Weg aus eigener Kraft zu gehen? Vielleicht hat es ein hinterhältiger Wind von unten in eine finstere Wolke gehüllt! Immer wieder fühle ich den Modergestank der von unten kommt. Noch glaube ich nicht an meine Niederlage. Noch fühle ich trotz Schauder, Gestank, Grauen und Qualen etwas anderes in mir! Ein etwas, das ich nicht beim Namen nennen kann!
Es ist eigentlich ein ungleicher Kampf! Ich muss kämpfen und weiß noch immer nicht mit welchen Mitteln. Einer ist da, der mich zu lenken scheint; ist er ein Freund oder ein Feind? Ich weiß es nicht!
Einmal war ich schon in einer Gefangenschaft, die noch schlimmer war als die Jetzige, denn ich war mir ihrer damals nicht einmal bewusst! Es war eine hohe Mauer um mich gewesen. Nur giftige Schlangen und Tiger waren da und ein schwarzer Wolf war der Wächter der Tür, die nach draußen führt!
Jeden Tag suchte ich nach dem Licht, das ich einmal erblickt hatte als ich

noch nicht mit diesen grausamen Ketten gefangen war. Es war schon so lange her, dass ich mich nicht mehr erinnern konnte, wie schön es war. Nur ein ganz kleiner Funke flüsterte mir zu von einer goldenen Freiheit, die mir als Königskind zustehen würde! Als Königskind!?
Ja ich zähle mich zu den Königskindern! Die Sterne sind meine Brüder und Schwestern! Aber wie weit sind sie noch von mir entfernt, wie klein bin ich noch! Ist nicht das Sternen-Prinzip die Verkörperung des kosmischen Prinzip? Ist nicht der Mensch selber auch ein Stern durch die Kraft seiner magnetischen Strahlung? Ich behaupte das fest! Es ist sein Ego, sein innerer Willens-Impuls den er entwickeln muss, die innere Kraft die er zur Entfaltung bringen muss. Wie? – Die allgemeine Lehre spricht vom richtigen Atmen, vom „Wach sein", von der Entwicklung des inneren Bewusstseins. Trotzdem bleibt jedem sein eigener Weg individuell zu gehen. Er muss ihn suchen, selber und ohne Hilfe. Es ist grausam aber wahr, dass man einem strauchelnden Bruder oder Schwester nicht helfen kann.
Ist es nicht grausam, man glaubt sich an einem Ziel und muss plötzlich feststellen, dass man erst am Anfang ist oder noch nicht einmal das. Man beginnt von Neuem zu suchen.
Was ist es nur, das man sucht? Ist es das andere Geschlecht, das man sucht und bei dem man doch nie seine Erfüllung findet? Vorausgesetzt, dass man die schnell vergänglichen Freuden des Körpers nicht als die Erfüllung ansieht!
Ist es nicht das andere Prinzip, das man sucht, das seinen Ursprung im Kosmos hat? Das Ego ist es, das man im anderen liebt, daher kann man auch „mehrere lieben". Es ist die gleiche Schwingung, die dieses Gefühl auslöst oder besser gesagt die „entgegengesetzte Gleiche". Die Passende!
Was wir suchen ist also nur das kosmische andere Prinzip in jeden Ego, das uns begegnet. Der Zyklus ist es der das so bestimmt! Der das kosmische Gesetz schuf oder durch den das kosmische Gesetz zur Auswirkung kommt.
Wir leben im Zyklus der Expansivität, d. h. der Ausdehnung. Am Anfang war die Liebe, die zweipolige Schwingung der Urkraft.
Ausdehnung und zugleich Zusammenschwingung der zweipoligen Kraft entstandenen Reibung und dadurch die Egos, die dritte Kraft. Über Äonen entwickeln sie sich zu Menschen! Die Materie scheint die unterste Stufe kosmischen Entwicklung (zu sein)! Der Mensch, das heißt das Ego im Menschen, die höchste!

Am Uranfang muss es nur zweierlei Egos gegeben haben. Das weibliche und das männliche, dem kosmischen Prinzip entsprechend. Daher kommt der Ausdruck, dass die Frau aus der Finsternis kommt, dem Mond unterstellt ist und der Mann vom Lichte, der Sonne unterstellt. Damit sind nicht die Himmelskörper gemeint, die sind nur die sichtbaren Vergleiche zum geistigen kosmischen Prinzip. Durch die Entwicklung über Äonen änderte sich das Verhältnis der geistigen Prinzipien, sodass die Mentalität der einzelnen Individuen ein ganz anderes Strahlenverhältnis hat als am Urbeginn. Ich will damit sagen, dass sich das Verhältnis des Menschen zu den Sternen verschoben hat. Daraus möchte ich folgenden Schluss ziehen. Es gibt heute weibliche Egos (Frauen), die zur Sonne aufsteigen, sowie es auch Männer (männliche Egos) gibt, die zum Mond absinken! Ich behaupte das deshalb, weil ich zwei greifbare Beispiele um mich habe!
Ist der Mensch nicht körperlich nach dem kosmischen Prinzip geschaffen, Materie, Seele und Geist sind doch eins im Dreiklang.
Die Genitalien versinnbildlichen die Materie. Der Kopf stellt das Mondprinzip und der Solarplexus das Sonnenprinz dar. Der Solarplexus scheint mir der große Faktor mit dem wir unsere Befehle verwirklichen können! Vorausgesetzt dass wir unseren inneren Willensimpuls soweit entwickelt haben, dass er befehlen kann! Ist es nicht das Endziel? Ist es nicht das Recht der ewigen Selbstbestimmung wie es Gustav Meyrink in seinem Buche ausdrückt, um nicht der wedelnde Hund sein zu müssen, der darauf wartet, um von einem Götzen den Kopf Abgeschlagen zu bekommen oder sich aus der ewigen Knechtschaft zu befreien!
Natürlich gehört ein eiserner Wille dazu dieses Endziel zu erreichen. Wir dürfen keine Sklaven der Materie mehr sein, wir müssen Herr sein über unsere Gedanken und niederen Wünsche. Wir dürfen sie nicht unterdrücken durch unnatürliches Leben, sondern wir müssen lernen uns langsam nach oben zu polen.
Warum ist man nur so falsch erzogen? Man wird als Kind in eine starre Form gepresst, die jeder echten göttlichen oder kosmischen Entwicklung, was dasselbe ist, spottet. In eine Form die nur für die breite Masse ist. Für diejenigen die nicht den Weg der Entwicklung gehen, sondern nur den Dung für die andern bilden. Welche Mühsal aber für diejenigen, die noch gefesselt sind in ihren anerzogenen und mitgewachsenen Ketten und Panzern und aber das Licht schön sehen. Es sind die, die auf der ersten Tarotkarte als Narr abgebildet sind. Sie schleppen die Erde noch mit sich herum und können sich ihrer nur langsam entledigen. Ganz langsam nur

gehen sie ihrer Befreiung entgegen, vorausgesetzt, dass sie ihr Ziel je erreichen! Welcher der vielen Kämpfer weiß nicht davon zu erzählen, dass auch er immer wieder vor Probleme gestellt ist, die ihm fast unmöglich erscheinen sie zu überwinden. Sogar auch solche, die schon ganz oben scheinen.
Sollte es daher kommen, dass wir doch immer wieder allzusehr an unseren eigenen Ideen hängen, an unserer eigenen Einbildung von der wir einfach immer wieder meinen, dass sie die einzig richtige Anschauung sei, anstatt in uns hinein zuhorchen und das in uns zum Schwingen zu bringen, was von Urbeginn her lebt und sich in nichts befehlen lässt?
Enttäuschungen kommen alle aus uns selber. Wir haben nicht das Recht irgendeine Enttäuschung auf das Schuldkonto eines Mitmenschen zu schieben, denn sie sind immer das Endprodukt unserer eigenen Einbildung. Es kann ein Mensch gesellschaftlich noch so hoch stehen, dann ist noch immer nicht bewiesen damit, dass er auch als Mensch schon seine Meister-Prüfung gemacht hat. Jeder Mensch hat zwei Seiten in diesem Falle. Besonders diejenigen die sehr viel lernen und dabei innerlich verkümmern. Ein sehr gelehrter „Vielwissender" steht hoch oben in der menschlichen Gesellschaft, aber damit ist noch lange nicht gesagt, dass er auch als Individuum oben ist. Wenn man die Menschen von einer verborgenem Warte aus beobachten kann, kommt man ganz unwillkürlich zu der Feststellung, dass die Menschen, die so ganz groß oben sind, oft nur ganz kleine ängstliche Vögelchen sind, wenn es darauf ankommt. Es fehlt ihnen an der Verinnerlichung. Am festen Halt an sich selbst. Sobald die Straße ein Stückchen anders abbiegt als sie es vorberechnet haben, werden sie zu Jammerhäufchen. Es fehlt ihnen an der nötigen Distanz sozusagen dem Leben gegenüber. Also ist es doch ein gewisses Kleben an der Materie!
Sich davon losreißen können, ist **übermenschlich**!!!
Manches Mal sehnt man sich in all der Enttäuschung und Niederlagen nach einem Menschen, der einen versteht und ein Stück des Weges mitgeht.
Es sind viele die den gleichen Weg zu gehen scheinen, aber wenn man genau hinsieht, ist man enttäuscht. Auch nicht einer ist dem andern gleich. Am Ende ist man immer alleine und ich bin fast der Ansicht, dass man besser vorwärts kommt, wenn man wirklich alleine bleibt. Aber welcher Mensch kann das schon! Es zieht uns doch immer wieder zurück. Immer wieder zum anderen Prinzip.
Ist es „Liebe", die uns so mächtig zieht? Was ist Liebe?
Sie war am Anfang! Entstanden durch die gegenseitige Reibung der

zweipoligen Urkraft!
Die Urkraft? Sie ist und wird immer sein. Auch die ganz großen die ein Ego zerstören können – Sie müssen sich beugen vor ihr. Sie ist die „Essenz“. Sie erzeugt sich durch sich selbst und es kommt alles aus ihr. Alles!
Sie ist die einzige bei der es sich lohnt, sich ihr anzuschließen. Kein Ego kann sie ersetzen, auch wenn es noch so hoch stünde. Aber ob man sich ihr anschließen kann als Mensch? Ich weiß es nicht! Es ist wohl das, was der Yogi „Samadhi“ nennt.
Noch stecken wir in unserer Verkörperung und gehen den Weg der Entwicklung! Vom göttlichen Ego bis zum Tier und wieder zurück! Damit mein ich nicht die materielle Verwandlung sondern die seelische. Die innerliche!
Ich habe lange über die schwarze Messen nachgedacht, die ich früher so verabscheute; aber ich beginne so langsam zu begreifen, dass man einen materiellen Wunsch auch durch die Materialisierung (beim Akt) am besten verwirklichen kann.
Trotzdem bin ich der Ansicht, dass der Geist, die Seele mehr bewertet werden soll als die Genitalien, die eigentlich nur die Materie versinnbildlichen! Natürlich sollen alle drei Faktoren zusammen wirken, aber der Hauptfaktor, der befehlende ist der Solarplexus, die Seele.
Was ein Mann empfindet, weiß ich nicht! Ich als Frau weiß jedenfalls, dass ein Akt, der nur mit den Genitalien ausgeführt wird, ohne seelisches Empfinden zur Nervosität oder zum Irrsinn führt. Der Mann wird zum Tier und die Frau zur Amazon oder zum degenerierten Etwas. Schizophrenie, Gemütsdepressionen und Degenerationserscheinungen sind meiner Ansicht nach sehr oft die Folgen. Die Frau, die naturgemäß nach seelischem Empfinden verlangt, sucht dieses dann evtl. durch Einbildung zu ersetzen. Ihr Ego wird durch diesen inneren Zwiespalt geschwächt und sie ist anderen Strahlungen zugänglicher, ihnen mitunter einfach ausgeliefert, weil die eigene innere Kraft fehlt. Nur diejenige, die von Natur aus einen sehr starken inneren Willen hat, vielleicht bedingt durch ein früheres Schicksal, wird sich selber aus einer solchen Gefangenschaft der Finsternis befreien können, in die sie sich ja auch freiwillig begeben hat. Beruhen nicht alle Geistes- und Gemütskrankheiten eigentlich auf falscher kosmischer Strahlung, die ein zu schwaches Ego nicht die Kraft hat abzuweisen?
Beruht nicht darauf der Sinn des Betens oder Meditierens oder sich Sammelns. Was ja immer dasselbe ist. Es ist ein Sammeln der gleichen

Kräfte des eigenen Ego, die artverwandte Kraft aus dem Kosmos ziehen und sich damit aufladen. Ich kann es nicht besser erklären!
Die seelische Liebe ist deshalb für die Frau wichtiger als die körperliche. Je sympathischer der Mann desto stärker die Schwingung. Das ist das kosmische Gesetz meiner Ansicht nach.
Es gibt meiner Ansicht nach Frauen, die ganz genau fühlen, was der männlich Partner für sie empfindet. Ist es ein Mann der sich nur auf die Genitalien konzentriert, so fühlt sie das auch am entsprechenden Platze. Wenn er ihr seelisches Empfinden entgegenbringt, so fühlt sie auch seelisch, was natürlich ungemein schöner ist und erhebender, falls sie schon auf einer höheren mystischen Entwicklungsstufe steht. Es kann sogar soweit gehen, dass sich die beiden nicht nur körperlich oder seelisch oder in beiden vereinigen können, sondern auch geistig. Das hat aber mit dem Denken an und für sich nichts zu tun. Mit einem geliebten Menschen seelisch-geistig verbunden zu sein, ist das höchste und nur der kann es fühlen und ermessen, der es selber kennt!
Das Nervensystem ist es und die Zirbeldrüse, die uns die Schwingungen der kosmischen Liebe vermitteln. Sie sind der Transformator des Menschen. Darauf beruht das „Samadhi", wenn Nervensystem und Zirbeldrüse in kosmischen Rhythmus schwingen.
Noch ein Problem geht mir nicht aus dem Kopfe! Das Wort Dämonie! Meiner Ansicht nach müsste dieses Wort eigentlich Umwandlung bedeuten. Was die Menschen Teufel oder Dämon nennen, finde ich falsch. Die Urkraft besteht aus zwei Polen von denen der eine Gott und der andere Dämon ist. Gott ist der geistige Pol, Dämon der materialisierende. Der umwandelnde! Die durch die Zwieheit der Urkraft erzeugten Egos, die dritte Kraft, wandelt sich nach unten und dann wieder nach oben um zu seinem Ausgang zurück zu kehren. Was ist falsch dabei? Als ich siebzehn Jahre alt war, konnte ich meinem Körper so beherrschen, dass ich bei einem großen Schmerz auch nicht den geringsten Laut von mir gab. Ich war damals nahe an dem Ziel, nach dem ich heute wieder strebe. Leider war es damals unbewusst und heute wäre es bewusst. Es kommt vielleicht nicht so sehr darauf an, dass ein Mensch sehr viel weiß, sondern dass er die Meisterprüfung vor sich selber besteht! Werde ich es je erreichen? Mein ganzes Ziel ist das . . . meine Meister-Prüfung vor mir selber!

Isola

Sehr geehrter Großmeister! 25.12.66

Lieber Bruder Daniel!

Deinen letzten Brief erhielt ich vor zwei Tagen. Vielen Dank dafür. Der meinige war schon abgesandt als ich ihn erhielt. Ich bin froh darüber. Übrigens war noch ein etwas kürzerer schon weggeschickt, den Du eigentlich schon länger bekommen haben müsstest? Dein letzter Brief enthält kein Datum, aber das macht nichts. Ich erlaube mir diesmal nun wieder eine Anrede. Der letzte Brief war ja eigentlich nur eine Art Aufsatz und sollte eine Verbesserung des Vorhergehenden sein, in dem ich meiner Ansicht nach einiges falsch geschrieben habe!
Ich würde mich freuen, wenn ich wirklich einmal eine Antwort bekommen würde von Dir, wenigstens auf diesen letzten Brief! Deine Ansicht meine ich! Ich habe mir sogar erlaubt den gleichen an Meister Giovanni zu schicken, aus einer Art Neugierde heraus. Kannst Du das verstehen?
Neugierde – sein Name ist Weib! Ich möchte zu gerne wissen, was er dazu meint.
Immer wieder muss ich an meinen Aufsatz denken, wie Du ihn wohl aufgefasst haben magst und was Du dazu meinst? Sicher hast Du verstanden was ich Dir damit sagen wollte? Es „war“ eine Stellungsnahme zu Deinem vorletzten Brief!---???
Die zwanzig Mark habe ich bereits abgeschickt und Du hast sie sicher schon erhalten! Bitte nimm es mir nicht übel, wenn ich Dich noch einmal bitte diesen magischen Brief so zu verpacken, dass man ihn nicht lesen kann wie den letzten.
Bitte schreibe mir auch, wie viel Stoff diese Frau meint, dass man zu diesem magischen Mantel braucht! Zu den Festen kann ich deshalb nicht kommen, weil ich eben Dienst habe. Ein Tag ist ja sowieso unmöglich zum in Urlaub zu fahren. Ich sitze nun den ganzen Tag schon fast hier und schreibe nur noch. Meine ganze Freizeit besteht fast nur noch aus „Schreiben“!!! Ich will mich natürlich nicht beklagen. Ich hoffe nun nur noch, dass Du nun meinen „Aufsatz“ erhalten hast und mir recht bald schreibst was Du dazu meinst!

Für heute die herzlichsten schwesterlichen Grüße sendet

Isola

5.1.67

Jenseits!

Ich bin plötzlich sehr müde. Mein Körper streikt einfach. Ich lege mich hin, um ein wenig auszuruhen. Hatte ich geschlafen? Ich höre plötzlich ein Geräusch, sehe Nebel und schwebe dahin, irgendwo, schwerelos, ohne Körper. Leicht wie eine Feder komme ich mir vor; aber meine Freude ist nur kurz. Ein Orkan erfasst mich und zerrt mich zornig umher. Ein seltsam beklemmendes Gefühl bemächtigt sich meiner, genau dort wo im materiellen Körper der Solarplexus ist. Eine ganze Weile dauert es bis ich endlich wieder die Herrschaft über mich selber bekomme. Mein Orakel lehrte mir einmal ein Zeichen, das ich immer in großer Not anwenden darf, um mich zu schützen. Auch jetzt gelingt es mir, mich dadurch von der Gewalt dieses Orkans zu befreien. Ich verstecke mich zuletzt hinter einer Wolkenwand, um gleich darauf in meinem Zimmer wieder aufzuwachen.
Ich muss wieder eingeschlafen sein. Als ich die Augen wieder öffne, ist eine Ruhe um mich, die man nur mit der Ruhe das Grabes vergleichen kann. Es muss die Ruhe des Todes sein. Nichts rührt sich. Nicht einmal das Piepsen eines Vogels ist zu hören. Kein Rauschen des Windes. Kein Lispeln eines Grashalmes. Nichts. Nichts. Es ist dunkel um mich und doch sehe ich wie am hellsten Tage. Sehen? Was eigentlich? Ich sehe nur dunkelblau, das endlose Universum, noch nicht einmal Sterne sind da. Es ist die Ewigkeit, das Jenseits, wo Zeit und Raum ihre Herrschaft verloren haben.
Ich schwimme in diesem „Nichts“. Nein, beim Schwimmen muss ich Bewegungen machen, ich aber bin ganz still. Bin ich denn überhaupt noch ich? Bin ich das Ego oder nur das Nichts das im Nichts treibt? Ja, das ist der einzig richtige Ausdruck. Ich bin ein Nichts das im Nichts treibt. Ziellos, endlos, zeitlos. Plötzlich fühle ich eine Bewegung. Oder werde ich bewegt? Nein, ich schwinge in einem bestimmten Rhythmus. Immer wieder. Mein ganzes Ich schwingt in diesem Rhythmus. Plötzlich schwingt noch ein anderes Nichts neben mir. Du bist es. Du! Ich erkenne Dich nur an den Augen. Auch du schwingst im gleichen Rhythmus wie ich. Wir vereinigen uns und schwingen zusammen. Du und ich, beide ein Nichts im Jenseits schwingend, im Himmel! Unsere gegenpolige Schwingung gleicht sich langsam aus, wird langsamer, verebbt. Die beiden Herrscher Zeit und Raum gewinnen wieder das Vorrecht. Die graue Schale, die in meinem

Zimmer auf dem Bett liegt, sieht ihr Ego wieder in sich. Ich erwache wieder im grauen Alltag. Oder ist er nicht mehr so grau? Das Wissen um das Jenseits macht ihn erträglicher. Das wahre Glück des Jenseits zu kennen, die Hoffnung darauf oder das Wissen um diese Tatsache, die doch nur „Nichts" ist.
Die Vereinigung der Seelen wird im Himmel geschlossen, nicht die Ehen der Erde!

Isola

Herzliche Schwesterngrüße erlaubt sich heute eine „Vielbeschäftigte". In Vorbereitung habe ich „Mona Lisa" und „Die Maske", die eigentlich zusammen gehören. Auch „Die Sklavin" will ich noch aufsetzen. Ob die Sachen als kleine Geschichten für die Logenbrüder und Schwestern brauchbar sind, weiß ich natürlich nicht. Diese Entscheidung überlasse ich euch!
Nochmals herzlichst Eure

Isola

Die zwanzig Mark für die Sexualmagie, die Du, lieber Großmeister aufgesetzt hast, habe ich schon abgeschickt. Sicher habt ihr sie erhalten!

6.1.67

Mona Lisa

Immer ist es ein Auf und Ab im Leben, welcher Mystiker oder Magier weiß das nicht? Oder geht es dann immer gleich dahin, wenn man mal eine gewisse Grenze erreicht hat? Wenn man einmal ganz oben ist? Was heißt eigentlich ganz oben? Ist sie dort oben, wohin ich möchte? Sie, die ich mir als Vorbild einbilde? Mona Lisa!
„Ach kommen Sie doch einmal endlich mit, Sie alte Langweilerin."
Eine nette Kollegin ist es, die mir die Worte in mein Ohr „flüstert".
„Ach lassen Sie mir doch einmal meine Ruhe mit Ihrem ewig gleichen Unsinn in den Kinos. Was sich so ein Regisseur ausdenkt, kann ich zu Hause vor mich hinträumen, dann kostet es noch nicht einmal Geld!", sagte ich ein wenig ärgerlich, ein wenig schnippisch. Meine Kollegin dreht sich wortlos um und geht weg.
„Sie ist mal wieder eingeschnappt", denke ich befriedigt und freue mich meines Sieges. Wenn sie zu mir kommt, um mir einen Vorschlag eines gemeinsamen Ausgehens zu machen, was ohnehin nur ein oder zweimal im Jahre vorkommt, so ist das entweder eine Laune ihrerseits oder sie fühlt sich einsam. Wie sich ein Mensch einsam füllen kann, verstehe ich heute nicht mehr, trotzdem ich eigentlich immer alleine bin, mehr als je zuvor.
Mein Friede sollte aber nicht lange dauern. Sie scheint diesmal ein besonders dickes Fell zu haben. Zwei Stunden später steht sie schon wieder vor mir, um mir zu sagen, dass heute Abend ein tolles Fernsehprogramm gesendet würde. Auf meine vorsichtige Antwort, dass ich nicht wüsste, ob ich Abends zu einer Verabredung ginge, lächelte sie nur geringschätzig, denn sie weiß genau, dass ich abends nie weggehe und dies nur zur Ausrede bringe, um meine Ruhe zu haben.
Sie scheint einzusehen, dass mal wieder nichts zu machen ist bei mir. Ihr Geeicht ist für mich wie ein Spiegel. Ich sehe ihre feinsten Regungen darinnen und weiß, dass sie den Kampf aufgegeben hat. Für dieses mal wieder. Die nächsten Sätze sagt sie nur noch aus Höflichkeit. Ob ich auch zur Kunstausstellung fahre? Um Ihre „hohen Kenntnisse" leuchten zu lassen, nennt sie die Namen einiger Maler. Plötzlich horche ich auf. Sie merkt das und lächelt. Vor sehr langer Zeit hatte ich ihr einmal erklärt, dass ich am Bilde der Mona Lisa sehr großes Interesse hätte. Daran erinnerte sie

mich jetzt. Sie zückte ihre Worte wie ein alter Kartenspieler seine Trümpfe und ich gab mich geschlagen. Mir graute nur ein wenig vor ihrem sehr weisen Redestrom. Soweit es derselbe ist, überlege ich die ganze Fahrt über, wie ich sie wenigstens in der Zeit losbekommen könnte, in der ich mir das bewusste Bild besah. Es fiel mir einfach nichts ein, aber war es mein intensiver Wunsch oder Schicksal? Als wir vor dem Bild standen, hatte sie auf einmal etwas dringendes zu erledigen. Wie besorgt sie war um mich! Ich könnte mich ja in den Sessel setzen in dieser Zeit, sie würde sich beeilen. Bitte beeilen sie sich nicht, meinte ich, denn ich bin sehr müde. Dann saß ich da und dachte über das Bild nach. Die Stirn scheint mir rein und klar. Die Augen sind groß und sprechend. Die Enden der Lippen sind nach innen gebogen, das Zeichen des Schweigens; und das Lächeln in ihrem Gesicht spricht von einem Wissen, über den der Mund nie sprechen wird.
Ich weiß nicht, ist das Lächeln mehr in ihrem Gesicht oder in den Mundwinkeln? Oder wirkt es zusammen? Plötzlich vertiefte sich ihr Lächeln. Neigte sie nicht leicht den Kopf? Die Konturen verschwimmen. Sie steigt aus dem Rahmen. Es ist nur eine leichte Gestalt, die da vor mir schwebt! Wie ein Licht das in sich selbst fließt. Langsam zuerst, dann immer schneller und schneller. Meine Augen gehen auch automatisch nach rechts. Da – eine andere Lichtgestalt. Sie schwebt her, nein sie fließt her zu uns, im gleichen Rhythmus wie die eine. Sie umschweben sich gegenseitig wie im Spiel, um sich zuletzt zu vereinigen. Es ist ein Leuchten und Funkeln im Raume, herrliche Gerüche nehme ich wahr. Es scheint ein Durcheinanderfließen dieser beiden Lichtgestalten, wild und schnell, aber doch immer einen gewissen Rhythmus einhaltend, bis das Höchststadium erreicht ist. Bis beide nur noch ein gleiches Fließen sind. Dann ebbt es ab, schwingt aus die Helligkeit verblasst. Die Gestalt nimmt wieder Form und Farbe des Alltags an. Es ist plötzlich wieder das Bild im Rahmen, nur Ausdruck der Augen, das Wissen im Lächeln, das Schweigen des Mundes; sie sind da, sie bleiben.
Mein Gefühl ist wie ein stummes Zwiegespräch mit ihr! Du bist mein Vorbild, weißt du das? Du kannst keine Frau sein, die sich an den Alltag bindet. Er würde dich töten. Du hast die Fesseln gesprengt! Du scheinst frei! Deine Seele schöpft aus der Quelle des Lebens! Du trinkst den Wein der Liebe, wenn er rein ist. Die Klaue des Tieres, der Stachel des Giftes, sie können dir nicht mehr schaden, denn du stehst über ihnen. Du kannst ihnen gebieten! Wann werde ich diese Grenze erreichen?

„Na ausgeträumt?“ Laut und schrill hallen diese Worte plötzlich an mein Ohr. Meine Kollegin steht neben mir. Sie meint es wäre gerade das richtige Bild für mich, damit ich noch weniger sprechen würde. Ich entdecke zur gleichen Zeit ein Bild von Rembrandt und sage absichtlich etwas falsches, um von diesem heiklen Thema loszukommen. Sie fällt prompt darauf herein und lässt ihre Weisheit wieder leuchten. Ich aber lächle in mich hinein, denn die Klippe ist schon umsegelt.

Isola

6.1.67

Die Maske

Wenn ich Abends müde und abgespannt von der Arbeit komme, bin umgezogen und erfrischt, setze ich mich bequem in meinen Lieblingssessel, um mich zu erholen. Jedes Mal fällt mein Blick dabei auf eine Maske, die dort an der Wand hängt. Es ist ein richtig männlich schönes Gesicht. Es sieht aus, als hätten sich ein Gott und ein Dämon vereint und sich in eine dementsprechende menschliche Schale gehüllt! Nur die höchsten Kräfte können ein solches Gesicht zeugen. Die Augen sind es, die das gute Gesicht beherrschen. Sie lächeln.
Ich träume plötzlich, ich sähe auch den ganzen Körper, der zu dieser Maske gehört.
Die Lederpolster auf der Sitzbank in der Flugwartehalle sind einigermaßen weich, sodass diese lange Wartezeit nicht allzusehr anstrengt. Ich komme aus einem schönen Urlaub und ich habe das Empfinden, als könnte sich die Welt aus den Angeln heben, es würde mich nicht aus der Ruhe bringen. Still und bequem sitze ich da, die Hände im Schoße ruhend. Mein Lieblingssitz. Alles ist still an mir, nur meine Auge sind zu beweglich! Sie registrieren alles, wo es etwas zu sehen gibt, gewohnheitsmäßig.
Einmal stehe ich auf und bestaune die Uhren die dort an der Wand die verschiedenen Zeiten anzeigen. Aus allen möglichen Großstädten der Welt kann man die Zeit ablesen. Meine Gedanken fliegen nach Bangkok zu Bruder **D.**, dann zu Bruder **R.** nach Toronto, sogar Caracas ist da mit seiner Zeit. Die Stadt die ich sowieso als zweite Heimat betrachte, aber dann bin ich wieder in der Wirklichkeit in M. Als ich zu meinem Platz zurückkehre, sitzt mir schräg gegenüber ein Herr, der auch mich ansieht! Seine Augen sind groß und sprechend! Fast die ganze Wartehalle trennt uns, aber ich habe trotzdem das Gefühl, als wären wir uns ganz nahe. Ich sehe wieder weg, um nicht den Anschein zu erwecken, als würde ich ein Abenteuer suchen.
Ein jüngeres Ehepaar schlendert vorbei. Die Dame ist ziemlich größer als der Mann, dazu trägt sie noch hochhackige Schuhe und sehr hochgesteckte Frisur, sodass sie noch größer erscheint, als sie ohnehin schon ist.
„Ich würde mir noch eine Pfauenfeder in das Haar stecken“, denke ich belustigt; dabei fallt mein Blick wieder auf mein „Schräg-Gegenüber“.

Auch er sieht mich an. Diese Augen, sie sprechen mehr, als ein Mund je zu sagen weiß! Gleichgültigkeit heuchelnd sehe ich wieder weg. Bin ich schon so sehr im Bann dieser Augen, dass ich sogar die Ansage des Flugzeugstartes überhöre?
Ein älterer Mann hatte sich mir angeschlossen an der letzten Passkontrolle. Er fliegt anscheint zum ersten Mal mit dem Flugzeug und weiß anscheinend nicht recht wohin. Er tat mir leid und ich erklärte ihm auf spanisch, dass ich auch nach München fliege. Er schien mich nicht zu verstehen und schloss sich mir an. Jetzt stößt er mich ein wenig unsanft in die Seite und sagt etwas auf italienisch, was ich nur dem Sinn nach verstehe. Ich schüttle zuerst den Kopf und verneine, aber bei der Wiederholung der Ansage weiß ich, dass er recht hatte. Langsam gehen wir zum „Gade“, um dort zu warten. Da steht „ER“! Der Besitzer dieser sprechenden Augen. Mitten im Licht! Ein Blick nur in sein Gesicht. Meine Augen umfassen es ganz für den Bruchteil einer Sekunde, dann schließen sich meine Lider halb. Sein Gesicht gräbt sich in mich ein, in mein Herz, es schwingt in meiner Seele! Was ist es? Ist es Liebe? Was ist Liebe?
Sie kommt ganz einfach und ist da. Sie fragt nicht: „Wer bist du?“ Sie gibt und nimmt im gleichen Augenblick, in einem Atemzug! Sie kennt keine Moral, keine Hemmungen, keine gesellschaftlichen Schranken. Das weiß ich erst seit heute, seit ich ihn sah!
Kleinigkeiten verlangen unsere Aufmerksamkeit. Die Flugkarten vorzeigen, zum Bus gehen. Er ist vor mir dort, steht im Licht mir fast gegenüber. Wir sehen uns an und im gleichen Augenblick wieder weg, als fürchte jeder, der andere könnte etwas lesen in seinen Augen, was er eigentlich verbergen möchte. Die Augen sind der Spiegel der Seele. Die unsrigen scheinen sich anzuziehen wie Magnete. In der Maschine sitze ich dann eine Reihe vor ihm. Etwas links. Wenn ich den Kopf leicht neige, kann ich unter halbgeschlossenen Lidern sein Gesicht sehen. Das Gesicht eines „Gott-Dämon“! Als wäre es nur gerade für mich so geschaffen. Ich fühle eine Verbindung mit ihm, als würden wir schon von einer anderen Welt her zusammengehören. Als wäre er einfach ein Stück von mir, das durch ein starkes Band magnetischer Schwingungen mit mir verbunden ist.
Mitten im Alltag zwei Menschen, die eigentlich nur einer sind. Er steht auf und geht kurz weg. Ein anderer setzt sich auf seinen Platz. Empfand er es als eine Belästigung? Ich weiß es nicht. Ich kann es nicht glauben, trotzdem es eigentlich so aussieht, denn er hat sich jetzt hinter mich gesetzt, trotzdem der Platz neben dran noch leer ist. Wenn ich ihn jetzt noch sehen will, muss

ich den Kopf ganz drehen. Natürlich fällt das auf und trotzdem tue ich es zweimal. Fast verstehe ich mich selber nicht, denn sonst bin ich in dieser Beziehung sehr reserviert.
Da er seinen Platz wechselte, muss ich annehmen, dass ihn das „Band“ lästig war. Ich muss mich zusammen nehmen. Energisch versuche ich mich selbst zu schimpfen und zu beherrschen. In München angekommen, fährt uns der Bus zur Passkontrolle. Er war der zweite oder dritte der eingestiegen war. Ich komme als vierte oder fünfte. Er sitzt vom Einstieg ziemlich weit weg. Anscheinend will er mich wirklich meiden. Bei meinem Einstieg treffen sich unsere Blicke, aber ich nehme mich zusammen, versuche mich zu beherrschen und gleichgültig zu erscheinen. Natürlich setze ich mich auf einem von ihm entfernten Platz. Der Bus fühlt sich, es stehen viele Menschen zwischen uns, wir können uns nicht mehr sehen. Beim Aussteigen bin ich bei den ersten zehn oder zwanzig, die an der Kontrolle anstehen. Sicher ist er bei den letzten, denn er scheint mich ja wirklich meiden zu wollen! Warum eigentlich? Es gäbe viele Gründe! Schade! Innerlich wieder ruhiger, überlege ich ob ich wohl noch einen Zug nach Günzburg erreichen werde, um nicht in dieser fremden Stadt übernachten zu müssen. Sicher fährt noch ein Zug. Es will mir nicht ganz gelingen, mich richtig auf mich selbst zu konzentrieren. Wie unter einem fremden Zwang, dessen ich mir wohl bewusst bin und gegen den ich mich auch gar nicht zu wehren versuche, drehe ich mich langsam um. Ruhig und gleichgültig dreht sich mein Kopf langsam nach hinten. Mein Blick streift über die gegenüberliegende weiße Wand, versuchte die Menge hinter mir zu übersehen. Vielleicht sehe ich noch einmal sein Gesicht. Sein Gesicht! Als würde mein Blick magnetisch angezogen, fällt er auf den hinter mir stehenden Herrn!
Es durchfährt mich wie ein elektrischer Schlag! Meine Augen öffnen sich weit, mein Kopf wird wie von einer unsichtbaren Hand leicht zurückgebogen. Eine Hitzewelle durchflutet mich. Vergeblich versuche ich mich zu Beherrschen. Ich verlor buchstäblich die Fassung. Überraschung, Freude, Scham und Bestürzung sind es, die sich meiner zugleich bemächtigen. „Er“ ist es, der hinter mir steht! Ich sehe nur seine Augen! – Alle gute Erziehung und alle in einem harten Leben mühsam erworbenen Grundsätze sind vergessen. Nur ganz langsam finde ich meine Beherrschung wieder; kann ich mich umdrehen in Richtung Passkontrolle. Eines nur weiß ich mit Bestimmtheit. Dass er hinter mir steht, ist nur möglich, weil er schneller ging als die andern.

Jetzt fühle ich auch wieder das „Band“ zwischen uns. Stärker als zuvor. Da ist seine Hand, die Hand eines Bruders. Nun verstehe ich alles. Und dann ein paar Sekunden sind es nur in denen nur wir beide da sind. Er und ich. Ich fühle den Kontakt. Ich höre und fühle seinen Atem. Nichts anderes als das. Zwei Dürstende trinken aus dem Quelle der ewigen Kraft, den Wein der Liebe!
Bis der Alltag wieder sein Recht fordert! Bis die Menschen vor uns wieder weiter gehen! Als hätte uns das Leben schon viel zu viel Glück gewährt, scheinen sich die Menschen vor uns zu beeilen. Es geht alles viel zu schnell! Wir sitzen dann im Bus nebeneinander. Ich konnte nicht an ihm vorbei. Es war wie ein Zwang, mich neben ihn zu setzen.
Plötzlich schreckte ich hoch. Fuhr der Bus über einen Stein? Ich zuckte zusammen. Jemand sagte ganz laut neben mir etwas von Abschied, der doch eigentlich hinter allem als Schlussakkord stünde.
Ich hebe den Kopf, der mir beim Einschlafen auf die Brust gesunken war. Das Radio hatte die Worte gesprochen. Musik erklingt nun. „Venedig in grau“. Ich bin in meinem Zimmer. Mein Blick fällt auf die Maske an der Wand schräg gegenüber! Sie lächelt, wie immer und ihre Augen bergen ein Geheimnis!

Isola

Sehr geehrter Großmeister! 9.1.67

Lieber Bruder Daniel!

Du hast reklamiert, dass ich nicht schreiben würde, aber es war schon ein Brief unterwegs gewesen und seither habe ich noch ein paar geschickt. Ich hoffe, Du hast sie alle erhalten! Es wäre Schade um die Arbeit. Natürlich möchte ich Deine Ansicht interessieren darüber hören! An Bruder **Orpheus** schrieb ich auch gerade einen Brief, der Dich als Großmeister vielleicht auch interessiert! Schade ist nur, dass Du Dir nie die Mühe machst, mir persönlich auf meine Probleme zu antworten. Nie schreibst Du, was Du eigentlich über alles denkst. Auch wenn Du anderer Meinung bist als dessen was ich in meinen Briefen schreibe, kannst Du mir das doch schreiben? Ich bin doch deshalb nicht eingeschnappt! Interessieren würde es mich natürlich sehr, warum Du Deine Antworten so rar machst!???
Nun ein paar Überlegungen die ich dem Bruder **Orpheus** schrieb. Er meinte, ich solle mir beim meditieren Christus vorstellen und dann versuchen, Kraft von ihm zu ziehen. Meine Antwort darauf ist folgende! Ihr Beispiel mit der Vorstellung von Christus kann ich nicht teilen. Ich habe noch nie versucht, mir irgendetwas vorzustellen bei meinen Meditationen. Es ist ein ganz einfacher Grund, warum ich es nicht tue. Das höchste von allem ist nur die eine Urkraft. Sobald man von irgend einer anderen Kraft oder von einem Gegenstand spricht, (auch wenn es Christus sein sollte), ist es schon eine Ableitung vom wahren Sein, von der einen Kraft, die, immer ist, war und sein wird. Als Mensch ist man zu sehr dazu geneigt, sich etwas einzubilden, das zuletzt in einem Wahn enden kann. Ich sehe das immer wider an unseren Kranken, die mich hier jeden Tag umgeben. Natürlich werden Sie mir antworten, dass Ihnen das nicht passieren kann, aber ich muss Ihnen sagen, dass jeder Mensch ein Unterbewusstsein hat, das immer darauf lauert, die Oberhand zu bekommen. Bitte, ich schreibe das nicht aus Büchern ab, sondern es ist alles, was ich schreibe, aus der eigenen Lebenspraxis. Ich könnte Ihnen alles persönlich beweisen. Natürlich bin ich der Ansicht, dass jeder selber machen kann, was er für das Beste findet. Jeden nach seiner eigenen Fasson selig werden lassen! Schließlich hat ja auch nicht jeder das gleiche Ziel! Der Eine z. B. will nur herrschen, der Andere wieder sucht nur Liebe, während der Dritte sich einem Gott opfern will, weil er es von Jugend auf nichts anders gelernt hat und es sich nicht anders vorstellen kann! Und deshalb vielleicht dem Irrsinn verfallen würde,

wenn er selbstständig sein müsste.
War es nicht „Dante“, der diesen Satz aufstellte: „Lieber in der Hölle herrschen, als im Himmel Knecht sein!?“ Man kann es nehmen wie man will! Was ist überhaupt der Himmel oder die Hölle? Sind sie nicht einfach nur die Vorstellung unserer Einbildungen? Die Hölle ist immer nur das Gegenteil von dem, was wir angenehm empfinden und der Himmel eben das, was sich jeder am meisten wünscht. Infolgedessen müssten Himmel und Hölle ganz individuelle Begriffe sein? Fragen Sie doch einmal unseren Großmeister, was er von Himmel und Hölle hält? Er ist doch ganz oben und auch unser Großinspekteur Rahel. Haben diese beiden die gleichen Begriffe von Himmel und Hölle???
Nehmen wir einmal an, der Mensch hat alles, was er sich wünscht! Er kann sogar die anderen beherrschen! Was bleibt ihm noch? Glauben sie, dass er deshalb wirklich glücklich ist? Das was wir glücklich sein nennen? Wenn er sich alle die Wünsche dieser Welt erfüllen kann und er ist in allen Sphären ein Herrscher, er hat trotzdem noch sein Endziel nicht erreicht! Sein Endziel?
Meiner Ansicht nach ist sein Endziel die Vereinigung mit der ewigen Urkraft, um dann wieder von neuem zu beginnen, als Ego im All zur Erde zu steigen, eine Evolution durchmachen, um wieder sich zu vereinigen. Der Kreislauf, der Zyklus!
Was meinen Sie dazu? Verstehen Sie nun, warum ich mich auf nichts konzentrieren will? Wenn schon, dann nur auf das „Nichts“ oder auf die Liebe, solange ich das höhere Stadium nicht erreicht habe. Nicht auf die Erotik, die die Menschen allgemein unter Liebe verstehen! Ich will darüber weiter nicht schreiben, denn das ist individuell!
Ich habe übrigens eine eigene Ansicht in meinem Tagebuch. „Nur Liebe selbst ist treu, sonst nichts und niemand!“ Ich weiß nicht, ob Sie mich verstehen. Es gäbe jedenfalls viel weniger Tränen in der Welt, wenn man diesen Grundsatz schon als Kind erlernen könnte. Um danach zu leben, natürlich mit Maß und Ziel wie in allem!
Dass man die schlechten Gedanken vertreiben muss, damit muss ich Ihnen recht geben. Die Gedanken sind es ja, die die Astralwelt formen und die die Art der Evolution bestimmen. Meiner Ansicht nach!
Sie schreiben hier von einer Anleihe der Odkraft bei anderen Menschen, damit die Chakras in Schwung kommen, wenn wir krank oder nervös sind. Ich bin genau Ihrer Ansicht in dieser Beziehung, aber ich meine, es ist ein Unterschied, ob Sie einem anderen Menschen die Odkraft entziehen oder

ob sie Odaustausch mit ihm machen, was meiner Ansicht nach ungemein schöner ist und beide dabei Kraft aufladen. Je sympathischer sie sich sind, um so mehr Kraft ziehen sie dabei aus dem Kosmos für den anderen. Natürlich muss das auf Gegenseitigkeit beruhen, sonst bleibt der eine auf der Strecke, das heißt, dass er Kraft abgibt und keine dafür bekommt.
Sie schreiben, die Odkraft oder Lebensprana wird nicht gezeugt, sie ist da. Das ist es ja, was ich eigentlich sagen wollte. Es ist die Urkraft, die nichts und niemand erst durch seine Vorstellung erzeugen muss oder kann. Sie ist immer da. Man muss nur lernen, sie aufnehmen zu können und zwar als das, was sie wirklich ist, um sie dann selber zu formen, wie man sie eben braucht oder verwenden will. Das ist wohl das höchste Stadium, das ein Mensch erreichen kann. Ohne Kräuter und ohne eingebildete Gegenstände zu befehlen. Nur derjenige wird dieses Ziel erreichen, der imstande ist, die Schwingung der Urkraft zu ertragen. Sich ihr ganz anzupassen! Alles andere ist für uns Menschen wohl sehr viel und oft vermeintlich das Höchste; aber dem einem Großen gegenüber ist es nur ein lächerlicher „Flirt“!
Das mit der Entwicklungsphase ist mir vollkommen klar. Natürlich ist jeder auf einer anderen Stufe und ich finde es ganz in Ordnung, dass jeder seine eigene Meinung vertreten kann. Das finde ich sogar selbstverständlich. Ich versuche immer anderen meine Meinung mitzuteilen, ohne dass ich der Meinung bin, dass sie sie unbedingt akzeptieren müssen. Und umgekehrt suche ich immer von anderen dazu zu lernen. Das ist doch wohl der Sinn einer Bruderschaft in erster Linie? Dafür ist man doch Bruder und Schwester?
Sie schreiben, Gedanken kommen und gehen wie die Menschen! Sie haben natürlich recht, aber was suchen wir dann eigentlich? Wenn alles kommt und wieder geht. Was bleibt uns dann Ihrer Ansicht nach?
Ich wäre meinem Bruder Daniel sehr dankbar, wenn ich auch auf diesen Brief einmal seine Meinung hören könnte!
Wenn er auch an **Orpheus** geschrieben ist, so ist doch auch ein Stück meiner Gedankengänge!

Mit herzlichen Grüßen Deine Schwester

Isola

Sehr geehrter Großmeister! 12.1.67

Lieber Bruder Daniel

Bei Deinem letzten Brief fehlt der Stempel? Überhaupt herzlichen Dank für den Brief. Ich freute mich, dass ich mal wieder einen normalen erhielt! Du hattest mir geschrieben, dass ich Dich nicht mehr mit Deinem . . . Du weiß ja selber!
Ich glaube mein Wort gehalten zu haben! Schade ist nur, dass Du nie Zeit hast auf meine persönlichen Ansichten einzugehen. Du bietest mir Freundschaft an, aber Du sagst nie in welchem Sinne, in welcher Hinsicht! Ich schrieb Dir schon einmal, dass unter Freundschaft ein sehr großer Meinungsunterschied sein kann. Was Dir nicht passt, darauf gehst Du einfach nicht ein. Wenn ich einmal ein paar Tage nicht schreibe, dann meinst Du gleich, dass Du das nicht gewohnt bist von mir. Ich weiß das, aber Du tust ja eigentlich auch nichts dazu um diese Sache zu ändern. Dieses Mal sind es drei Wochen, sonst meistens auch oder gar vier! Bitte, ich will Dir damit keinen Vorwurf machen, es ist nur eine Feststellung!
Auf alle meine kleinen Aufsätze hast Du mir nur geschrieben, dass Dir die „Maske“ am besten gefallen hat. Warum nicht das „Jenseits“? Du bist doch ein Großer, Du müsstest doch auch drüben zu Hause sein???
Darauf werde ich ja wahrscheinlich wieder keime Antwort bekommen! Ich war in meinem ganzen Leben immer für die Wahrheit. Und ich achte einen ehrlichen Feind viel höher als einen unehrlichen Freund! Ich hoffe, dass Du nicht beleidigt bist, wenn Du diese Zeilen liest. Du wolltest von der Schreiberin persönlich wissen, wie es ihr geht und was sie macht!
Gehen tut es mir eigentlich schlecht, denn habe zur Zeit Herzbeschwerden, die ich nie zuvor hatte!
Sie sind nicht allzu schlimm, aber sie reichen gerade! Ich glaube zu wissen, wo sie herkommen und ich bin der Ansicht, dass Du mit einer Deiner Bemerkungen recht hattest als Du mir sagtest, ich solle mit der Spiegelmagie langsam machen! Das war eine Ehrlichkeit von Dir, die ich meinerseits sehr hoch einschätze. Dass es nicht die Spiegelmagie ist, die mir diese Störungen verursacht, konntest Du ja wahrscheinlich nicht wissen, aber es ist eine Art Magie, die ich vorher nicht kannte und die ich natürlich sehr reduzieren, wenn nicht ganz abbrechen muss. Schade! Vielleicht verstehst Du mich, wenn ich Dir eine Andeutung mache. Ich sehe etwas, was ich mein ganzes Leben schon vermisse, aber ich muss es auf

andere Art finden. In anderer Form besser gesagt!!!
Früher glaubte ich immer es sei ein Fluch, dass ich das nicht besitze, was ich mir immer am meisten wünschte, wahrscheinlich nur deshalb, weil ich es nicht besaß, aber seit einiger Zeit weiß ich, dass es von einer Höheren Macht oder von einem Ego im letzten Leben so bestimmt wurde zu meinem eigenen Vorteil!
Es war ein schwerer Weg und ist es noch, aber ich will nicht maulen, denn wenn ich mich wirklich selber befrage in einer stillen Stunde, dann gebe ich mir immer wieder dieselbe Antwort, immer nach demselben Ziel strebend! Ich hoffe sogar, dass es so bleibt trotz aller Mühsal!!!
Nun zu Deinem Brief! Du meinst, dass das Dir nicht gefallen hat, wo ich über dem Abyssus hänge! Ich konnte es nicht anders schreiben, denn ich fühlte genau so in jener Zeit! Man kann das einem anderen Menschen kaum erklären. Es kostet meist die ganze innere Energie, die man daransetzt, um zurück zu kommen. Trotzdem ist meine Ansicht die ich daraus zog der Lehrsatz, dass die Kraft nur durch Hindernisse wächst. Die körperliche durch materielle Arbeit und die geistige eben durch solche Hindernisse. Warum hältst Du es gerade für mich so gefährlich, mich mit komplexen okkulten Dingen zu beschäftigen?
Übrigens möchte ich Dich bitten wegen dem Bruder **Willi** weiter nichts zu sagen. Ich ging nun schon eine Weile nicht mehr hin und glaube die Sache damit abgetan. Bitte sage weiters niemanden etwas davon! Ich muss hier arbeiten! Seine Frau ist hier Oberschwester! Ich kann mich in keiner Weise beklagen, von ihr irgendwelche Schikanen erhalten zu haben. Im Gegenteil! Natürlich nehme ich Rücksicht darauf, denn ich bin persönlicher Ansicht, dass sie sich nicht sehr für uns interessiert! Bitte das bleibt wirklich unter uns!!!
Auf Deine Ausführungen über die Sexualmagie bin ich natürlich sehr neugierig! Soweit ich mir ein Bild mache davon, ist sie doch mehr auf der materiellen Ebene (Genitalien) basierend? Das war es am meisten, was mich an Br. **W.** so frappierte! Er weiß genau, dass wir für einander nichts übrig haben. Er sagte selbst einmal, dass er zu viel weiblich Hormone hätte und ich zu viel männliche! Damals lächelte ich über seine Aussage, heute nicht mehr, denn ich machte inzwischen noch eine andere Entdeckung. Sie hängt mit meiner neuen Art Meditation zusammen!
Schwester Rahel muss mich verstehen!
Du meinst, Du hast von Skandalen die Schn. - - voll! Ich musste lächeln bei diesem Satz. Ich möchte nicht groß tun, aber meinst Du nicht, dass

zwischen jenen und uns ein kleiner Unterschied ist? Diese Menschen sind doch meiner Ansicht nach jedenfalls noch ganz im materiellen Leben von A bis Z? Ich kann mir keinen von diesen vorstellen, dass er auch nur einen Funken von Mystik oder Magie in sich hat! Sie müssen es doch erst finden, meiner Ansicht nach!
Noch eine Bemerkung: Ich habe schon öfters mit Bruder Willi gesprochen. Schon bevor ich bei Euch in der Loge war. Er ist nicht so leicht. Er versteift sich zu sehr auf die Sexualmagie. Das heißt, er will sich halt in diesem Gebiet ganz ausbilden, obwohl wir uns letztes Mal einig darüber waren, dass sich ein Mystiker nicht nur auf die eine Seite hin versteifen soll, da er sonst das allgemeine obere Ziel nie erreichen wird. Vivekananda sagt das in seinem Buch, dass man den verschiedenen Kräften sozusagen begegnen soll und dann weiter suchen. Ich werde mich immer an diese Worte halten, daher auch meine derzeitige Erschöpfung, die hoffentlich bald vorüber geht!!!
Du schreibst noch einmal, dass ich meinen Schreibeifer auf die Privatsphäre lenken soll! Ich habe laut meinem Versprechen gewartet, bis Du mir wieder die Erlaubnis erteilen würdest. Nun habe ich es getan, heute und recht ausführlich!???
Eine Geschichte habe ich noch angefangen, aber bitte lass mir ein wenig Zeit dazu.
Auf die Bedingungen des Gradus Solis bin ich neugierig! Dass es noch nicht sein kann, weiß ich ja selber, aber Du weißt ebenso gut, dass mein ganzes Privatleben nur mit dem einzigen Ziel ausgefüllt ist, das ich mir gesteckt habe! Alt genug wäre ich ja dazu! Wenn ich schreibe, dass ich meinen Weg alleine gehen muss, dass ich mir dessen wohl bewusst bin, so soll das natürlich nicht heißen, dass keiner für den anderen da sein soll! Eben deshalb frage ich Dich immer wieder, was Du unter Freundschaft verstehen willst. Nimm mir das nicht übel, ich bin gerne für Klarheiten. Entweder Du scheust die Antwort, weil sie Dir gleichgültig ist oder Du sie fürchtest???
Wegen der Osteranmeldung muss ich Dir sagen, dass ich sie wie letztes Jahr an Meister **Giovanni** abgeschickt habe. Und nun muss ich Dich bitten, dass Du nicht böse bist, wenn ich gerne ein Hotelzimmer nehmen möchte. Du weißt sicher, dass ich gerne bei Euch bin, aber es hat doch seinen Grund, warum ich im Hotel sein möchte. Du wirst mir diesen Entschluss nicht übel nehmen!?
Ich möchte eigentlich zu gerne wissen, warum Du mich eigentlich immer

wieder als kleines Mamakindchen hinstellst? Natürlich lese ich den Aufsatz mit nüchternen Augen! Glaubst Du dass ich darüber irre werde? Ich hoffe es nicht! Es sei denn, Du hättest es darauf abgesehen?
Wegen dem Logenmantel bin ich Dir dankbar, wenn ich ihn geschneidert bekomme. Ist **Peters** Mutter Schneiderin? Er soll natürlich passen. Ich würde mich ehrlich gesagt ärgern, wenn ich dann einen Morgenmantel hätte als Logenmantel! Den Stoff möchte ich gerne selber besorgen. Im Moment kommen sehr viele Anforderungen zusammen, aber ich glaube, dass es für eine Gabe an Ostern doch noch reicht. Meine Kleidergröße ist übrigens 40. Eher kleiner! Rahel ist ein wenig stärker und ein klein wenig kürzer als ich!
Bin recht neugierig, wann ich Antwort erhalte auf diesen Brief und auf alle meine Fragen oder besser gesagt, auf alle meine Argumente in meinen kleinen „Schriften“!

Bis dahin sende ich herzliche Schwestergrüße

Isola

Sehr geehrter Großmeister! 23.1.67

Lieber Bruder Daniel!

Ich hoffe, Du bist mir nicht böse, weil ich ein wenig länger nicht schrieb als gewöhnlich! Es geht mir zur Zeit nicht besonders gut. Ich kann mich nicht beklagen, aber es reicht mir gerade. Zweimal hatte ich Nachtwache hintereinander. So etwas gibt es halt mal immer wieder und man muss still halten. Das ist die von Dir so sehr geliebte Welt! Aber ich will nicht maulen. Unser oberstes Gesetz ist ja: „Tue was Du willst!"
Übrigens war ich bei Bruder **Willi** und habe mir die Haare schneiden lassen. Wir haben uns noch einmal über die S.M. unterhalten und das Missverständnis meinerseits aufgeklärt! Er versteht, dass ein Mensch, besonders eine Frau, die keine Ahnung hat davon, ein wenig erschrickt, wenn sie sich vor die Tatsache gestellt wüsste!
Übrigens hat er mir auch von Gregorius erzählt, dass früher die Briefe zwischen Brüdern und Schwestern über den Grs.-Mstr. zu gehen hatten. Ich finde, dass das eine persönliche Freiheitsberaubung im geistigen Sinne ist und würde mich dagegen sträuben. Dass die Logen freimaurerischer Art ethisch und moralisch hochstehend sind, wusste ich schon als Kind! Sonst hätte ich mich bestimmt nicht darum bemüht Mitglied zu werden! Aus Langeweile ging ich bestimmt nicht dazu! Es ist doch schließlich eine Esoterische Loge und keine Wohltätigkeitsveranstaltung oder ein Verein zur Unterhaltung für Menschen, die nichts anzufangen wissen mit sich selbst! Dann bräuchte ich wirklich nicht dazu, denn aus Langeweile bin ich wirklich nicht dabei! Ich will weiterlernen oder das was ich weiß an andere weitergeben, die noch nicht soweit sind wie ich. Dass dabei immer eine gewisse Gefahr ist, weiß ich wohl, aber wo im Leben ist keine Gefahr!
Du befasst Dich doch auch mit okkulten Dingen, warum sollen es andere nicht auch tun?
Wieso nennst Du eigentlich diese geistig-seelischen Strömungen animalisch? Ein Tier hat doch nur einen Instinkt, basiert also nur auf der materiellen Ebene und kann also mit einem geistig-seelischen Ichbewusstsein Gefühlsaustausch nicht in Betracht gezogen wenden, meiner Ansicht nach???
Dass der wahre Magier oder Mystiker seine Kraft aus dem All zieht, habe ich ja bereits geschrieben im „Seelenspiegel"! Wenn ich meine, dass

Konzentration, Gebet oder das „sich sammeln“ ein und derselbe Begriff sind, oder besser gesagt, immer das gleiche Ergebnis bewirkt, nämlich das Sammeln der gleichen Kraft aus der unser Ego geschaffen ist. Er erneuert es dadurch und es ist die Imagination, die einem jeden zu seinem Ziel verhilft. Je stärker diese ist, umso stärker sein Erfolg!
Meiner Ansicht nach beruht darauf ein sehr großer Teil der Depressiv-Krankheiten, dass der Mensch nicht stark genug ist sein Selbst mit neuer Kraft aufzuladen! Er überlässt das dem „lieben Gott“. Bitte es soll das kein Spott sein, sondern eine nüchterne Feststellung. Es beruht auf falscher Erziehung! Das ist übrigens nur ein Teil von dem, was ich mir immer wieder überlege. Du siehst aber damit, dass ich mich durchaus nicht zu den „nicht kühl überlegenden“ zähle!
Das mit dem Jenseits ist übrigens ein Missverständnis. Ich meinte damit nicht das Jenseits an und für sich, sondern ich fragte, warum Du meinen Artikel „Jenseits“ nicht liebst, den ich geschrieben habe. Dass Du das Diesseits mehr liebst, weiß ich längst, daher auch der Satz am Ende des „Seelenspiegels“, dass „Dämonie“ eigentlich Umwandlung der Materie bedeutet! Verstehst Du wie ich das meine?
Bitte sei mir nicht böse, wenn ich Dir schreibe, dass so ein Mensch, der so sehr an der Materie hängt, wie Du sagst mit Millionen Fasern, dass so einer einen sehr schweren Tod hat. Manche schreien doch wie Tiere, eben weil sie sich nicht trennen können! Sterben muss ein jeder und es fragt sich nun, wer der schlauere ist. Derjenige, der sich schon vorher von der Materie loslösen kann oder derjenige, der erst in letzter Minute beim Sterben sich dann losreißen muss. Man müsste eigentlich allein über die Sterbensart der Menschen einen Artikel schreiben! Es wäre sicher auch interessant!
Ich bin übrigens sehr im Zweifel, ob Du Dir einen richtigen Begriff von „meiner Vorstellung“ über das Jenseits machst!! Mit Sicherheit weiß ich jedenfalls, dass ich eine ganz andere Vorstellung habe davon als andere Menschen.
Du scheinst mich noch lange nicht zu kennen!
Wie Du das mit dem „Jenseitigen“ meinst, der Du bist, weiß ich nicht ganz wie ich es verstehen soll. Du weiß vielleicht von welchem Pol Du kommst!? Vielleicht bist Du drüben eine von jenen Kräften, über die ich einmal einen sehr langen Brief schrieb und auf den ich nie eine Antwort bekam!
Ich habe sogar schon über Deine Praxis nachgedacht, die Du mit dem Docht ausgeführt hast als **Domani** und ich in Kelkheim waren. Du hast

damals gesagt, dass Dir die Entmaterialisierung gelungen sei mit Geld, aber nicht die Realisierung! Könnte das nicht auf die Tatsache zurückzuführen sein, dass Du mit beiden Händen saugst, wie Du selbst festgestellt hast??? Für gewöhnlich hat der Mystiker die Linke zum Nehmen und die Rechte zum Geben?? Damit meine ich die „Linke" zum Entmaterialisieren und die rechte zum Realisieren.
Ich meine damit nicht die Hände als materielle Werkzeuge mit gleichen Leben, sondern die Hände als Ausdruck der inneren Pole, der inneren geistigen Kraft, des inneren Willens. Habe ich mich richtig ausgedrückt?
In finanzieller Hinsicht bin ich zur Zeit übrigens ein wenig sehr im Hintertreffen! Es gibt manches Mal Verpflichtungen, mit denen man vorher nicht rechnet! Die Frage nach einem Gasthaus in Günzburg ist an Bruder **Willi** besser gestellt, denn ich habe keine Ahnung davon, da ich das ganze Jahr kaum ausgehe. Eine wurde mir mal genannt, wo ich hingehen möchte, wenn meine Nichte mich besuchen kommt. Es ist „Das Rad" in der Hauptstraße des Städtchens! Ein Hotel Garni gibt es auch hier, allerdings ist es sündhaft teuer. Meine zwei Besucher wohnten dort für eine Nacht und bezahlten zwanzig Mark dafür! Ein Zimmer mit Doppelbett! Ohne Frühstück usw.
Nun möchte ich schließen, sonst werde ich noch krank. Nach zweimaliger Nachtwache hintereinander erholt man sich kaum! Der Großinspekteur hat mir eigentlich schon eine ganze Weile nicht mehr geschrieben. Ich hoffe doch, dass sie nicht krank ist? Sicher habt ihr viel Arbeit. Bitte grüße meine Schwester herzlich von mir und den Kleinen auch.

An Dich ebenfalls viele Grüße

Eure Schwester Isola

ENDE

Weitere Bücher aus dem Christof Uiberreiter Verlag:

Das goldene Blatt der Weisheit

Seila Orienta/Franz Bardon

Zum ersten Mal in der okkulten Literatur wird die 4. Tarotkarte des Hermes Trismegistos verständlich beschrieben und offengelegt. Sie beinhaltet unbekannte Konzentrations- und Meditationsübungen. Des Weiteren gibt sie Hinweise und erklärt die Unterschiede zwischen Magie und Mystik und Gefahren des einseitigen Weges. Am Ende steht die Verbindung mit der universellen Gottheit, dem Herrn der Sonnensphäre, welcher quabbalistisch „Metatron" genannt wird.

*

5. Tarotkarte – Mysterien des Steins der Weisen

Seila Orienta/Franz Bardon

Dieses Buch stellt die Vorderseite der Alchemie dar, die die einzelnen praktischen Übungsschritte erklärt, ohne die verschlüsselten Mystifikationen der alten Alchemisten auch nur annähernd zu erwähnen, wie man es aus den anderen Büchern des Franz Bardon kennt. Es wird erklärt, dass ohne vollkommene Beherrschung der 4 Elemente keine Alchemie möglich ist. Des Weiteren wird mit den einzelnen Ebenen, mit den Matrizen, dem elektromagnetischen Fluid usw. gearbeitet. Doch der Hauptpunkt stellen die göttlichen Eigenschaften wie z. B. die Allmacht dar, mit denen der Göttliche Stein der Weisen durch gewisse Übungen geladen wird.

*

Talismanologie und Mantramkunde

Seila Orienta/Franz Bardon

Zum ersten Mal werden hier (magisch) geladene Mantrams – Gebetssätze – preisgegeben, welche bei nötiger Reife, Ausgeglichenheit und Reinheit durchdringende Erfolge versprechen. Mantrams sind ja nach Bardon nicht irgendwelche „Suggestionssätze", sondern sie sind Ideenausdrücke, mit denen man mit Mächten, Kräften, Eigenschaften, also Gottheiten, in Verbindung kommen kann. Gleichzeitig werden die dazugehörigen Siegelzeichen der göttlichen Ideen preisgegeben, welche im rituellen

Zusammenhang mit den Mantrams stehen. Ein Buch, dass nicht nur die Hermetiker sondern auch die Anhänger der Yogawissenschaften inspirieren wird!

*

Eine Sammlung der schönsten und lehrreichsten Beschwörungsgeschichten

Hohenstätten

Dieses Buch ist einzigartig, denn es zeigt den zweiten Band von Franz Bardon an Hand von interessanten Evokationsberichten, die genau das bestätigen, was Bardon in seinem Buch geschrieben hat, und noch darüber hinaus. Es werden sensationelle Erlebnisse geschildert, die man sonst niemals findet. Auch aus unveröffentlichten Schriften wird zitiert.

*

Verkörperungen des Meister Arion

Hohenstätten

Man wird beim Lesen dieses Buches nicht glauben, wie viele bekannte und unbekannte Inkarnationen Franz Bardon hatte. Die paar, die im „Frabato" bekannt gegeben wurden, stellen nur einen geringen Teil seiner Verkörperungen dar. Wir mussten, da es dermaßen wenig Literatur über die Verkörperungen gab, wieder hunderte und aberhunderte von Büchern, Aufsätzen, Zeitschriften und Artikeln durcharbeiten, bis wir genügend Material für dieses Buch hatten. Aber der Leser wird sich beim Lesen sicherlich über unsere Arbeit freuen, denn sie wird ihn in Erstaunen versetzen!

*

Shamballa, der goldene Tempel des Lichts

Hohenstätten

Dieser Tempel dürfte jeden Leser von Bardons Roman „Frabato" fasziniert haben. Dass es aber in der okkulten Literatur noch viel mehr Informationen darüber gibt, die man aber nur findet, wenn man alles Veröffentlichte gelesen hat, dürfte dem einen oder anderen unbekannt sein. Es wurden wieder ganze Stöße von Büchern durchgesehen und das Ergebnis wird hier veröffentlicht. Es wird aber gleichzeitig darauf hingewiesen, wie viel Schundliteratur es darüber gibt, wie viel Lügen im Umlauf sind, damit sich der Schüler der Hermetik ein klares Bild machen kann. Wir bringen in diesem Buch alles, was wir an Material darüber gefunden haben und es wird auch noch einiges aus der eigenen Erfahrung, was das Wertvollste ist, mitgeteilt. Nicht nur über den Tempel wird berichtet, sondern auch über die damit verbundene „Bruderschaft des Lichts“, dessen Sitz er darstellt.

*

Auf der Suche nach Meister Arion

Hohenstätten

Diese Autobiographie eines Schüler der Hermetik des Franz Bardon schildert sein magische Leben, in welcher zahlreiche Erfahrungen zu den Übungen aus dem Adepten geschildert werden, die die Haupt- person selbst erlebt hat. Es wird der schwere Weg des Adepten aus autobiographischer Sicht gezeigt, seine vielen Tiefschläge, aber auch seine glanzvollen Seiten und Zeiten. Der harte Kampf mit dem Seelenspiegel wird bis in alle Einzelheiten aufgezeigt, genauso wie die vielen anderen Wege, in welche der Autor reinschnupperte um dadurch reichlich Erfahrung sammeln zu können. Darüber hinaus enthält es unzählige Erfahrungen und Berichte betreffs Mantramistik nach Bardon, die wahre Runenmagie, zahlreiche Evokationen sowie Invokationen mit seinem Lehrer Anion, einen magischen Exorzismus, wie er bisher noch nie öffentlich geschildert wurde. Mentalreisen, Beeinflussungen, Übungen zur Gottverbundenheit, Erscheinungen, Alchemie, Heilungen mit den verschiedensten magischen Methoden z. B. Quabbalah oder durch die Elemente, Schutzgeist-evokationen und viele andere magische „Wunder“ seines Freundes und Lehrers Anion. Auch einige magische Fotos in Farbe, ein bisher von Bardon unveröffentlichtes Akashafoto von Christus und ein Bild des schwebenden Meister Arion werden in diesem Buch preisgegeben. Der Inhalt ist viel reichlicher, als hier kurz beschrieben werden kann.

*

Magisches Gleichgewicht

Hohenstätten

Dieses Buch zeigt eindeutig, dass in allen anderen Systemen das „Gleichgewicht“ genauso gebraucht wird, wie bei Bardons Werken. Er war nicht der einzige, der das erwähnte, aber er war der erste, welche es deutlich erklärte, denn die anderen Systeme sprachen nur durch das Symbol, welches nicht jedem Leser verständlich war. Obendrein bringen wir nochunveröffentlichtes vom Meister Arion zu dieser Grundlage der magischen Entwicklung.

*

Das Leben und die Erfahrungen eines wahren Hermetikers

Seila Orienta

Diese Autobiographie eines Magiers ist unübertroffen, denn bis jetzt hat kein einziger, okkult Geschulter, so offen und ehrlich gesprochen wie Seila Orienta. Er gibt in diesem Werk sein Leben bekannt, sowie seine zahlreichen und äußerst interessanten Erlebnisse und Erfahrungen. Es werden auch zum ersten Mal Fotos von Wesen der Sphären gezeigt, welche Franz Bardon höchstpersönlich in den 20ern gemacht hat. Des Weiteren schreibt Seila Orienta über die Sphären, über Dämonen, Logenkontakte und vieles vieles mehr, was einem ehrlich strebenden Hermetiker das Herz übergehen lassen wird.

*

Das Leben des Franz Bardon

Hohenstätten

Dieses Buch beschreibt das Leben des Meisters außerhalb des Frabatos, welches seine Sekretärin – Otti V. – geschrieben hat. Es beinhaltet Erklärungen zu seiner „Biografie“, weitere Einzelheiten über den Kampf mit der FOGC, seine Beziehung zu Wilhelm Quintscher und anderen Okkultisten, was alles bisher unbekannt war! Des Weiteren werden viele Erlebnisse seiner Schüler in Prag erzählt, verschiedene magische Leistungen und interessante Geschichten Bardons beschrieben, die bis dato unveröffentlicht sind. Es werden auch seine drei Lehrwerke und deren Wirkung auf die Öffentlichkeit von einem anderen, unbekannten Standpunkt geschildert, welcher durch bisher schwer zugänglichen Schriften unterstützt wird. Als Krönung wird seine aus dem tschechischen übersetzte „Runenschrift“ zum ersten Mal veröffentlicht. Auch einige Seiten aus anderen unveröffentlichten Schriften von ihm sowie interessante Fotos des Meister Bardon und seiner Freunde werden hier Preis gegeben und vieles, vieles mehr.

*

In Verbindung mit der Gottheit

Hohenstätten

Über das Thema der Gottverbundenheit mit all seinen Formen und

Methoden wurde bis heute noch nie ein Buch verfasst geschweige denn eine Schrift geschrieben. Man findet in der okkulten wie in der östlichen Literatur nur spärliche Hinweise, die größtenteils verschlüsselt sind oder so geschrieben wurden, dass man sie kaum versteht. Im Gegensatz dazu wird in diesem Buch offen dargelegt, dass das 1. kleine Arkanum der 78 Tarotkarten die Gottverbundenheit in ihrer Reinform darstellt.

*

Hermetische Heilmethoden

Hohenstätten

Dieses Buch stellt in der okkulten Literatur ein absolutes Unikum dar, denn über die Gesamtheit der okkulten Heilmethoden wurde bis jetzt noch NIE etwas sinnvolles geschrieben. Es werden alle Heilmethoden erwähnt, die der hermetische Schüler mit Hilfe seiner bisher erlangten Konzentrationsfähigkeit ausüben und verwenden kann.

*

Erste hermetische Zeitschrift

„Der hermetische Bund teilt mit“ ist eine der wenigen magisch-mystischen Zeitschriften, welche sich soweit als möglich auf die universelle Lehre von Franz Bardon bezieht. Sie versucht sich an die Gesetze des 4-poligen Magneten zu halten und vermittelt Wissen sowie Hinweise für die Praxis, damit der Leser die Möglichkeit hat, sie in seinen hermetischen Weg aufzunehmen und für sich gewinn- bringend zu verarbeiten.

Noch viel mehr hermetische Literatur finden Sie auf unserer Website: http://www.hermetischer-bund.com.

Viel Vergnügen beim Stöbern!

Der Verlag

Lightning Source UK Ltd.
Milton Keynes UK
UKHW022107100220
358504UK00013B/1087